みんなの憧れ フローラ黒田園芸 の寄せ植え

黒田健太郎の
コンテナガーデン

はじめに

コンテナガーデン（寄せ植え）は、庭や広いスペース
がなくても楽しめる鉢植えです。好みの花をイメー
ジに合う鉢に植えて、玄関先やベランダなど、飾り
たい場所にちょこっと置いて楽しめるのがうれしい
ですね。

はじめての方が「さぁ、寄せ植えをしてみよう！」と
思っても、どんな植物をどう合わせたらよいのかわ
からない…… そういう話がよく耳に入ってきます。

まずは次々咲いて長期間楽しめる花を選び、次にど
のぐらいの鉢に何ポット植えるかを考えます。たと
えば直径30cmの鉢であれば、気に入ったパンジーを
3ポット用意して、その花色に合う葉ものを1〜2ポッ
ト添えるように合わせます。私の寄せ植えは、ほぼ
これです。種類はたくさんではなく、少なめに絞っ
てみる。より単純なほうがそれぞれの美しさが際立っ
てきます。

本書では、それぞれの花を最大限に楽しむ飾り方や、
鉢や色合いにこだわった寄せ植えを掲載しています。
みなさんのガーデニングのヒントになればうれしい
です。コンテナガーデンは私たちの生活にきっと潤
いを与えてくれますよ。自分なりのコンテナガーデ
ン、楽しみましょう！

CONTENTS

KENTARO'S
CONTAINER GARDEN
four seasons

Spring

Summer

Autumn

KENTARO'S
CONTAINER GARDEN
four seasons

Winter

第 **1** 章　AUTUMN~EARLY SPRING

秋から始めて
早春まで楽しむ

秋から冬の植物の選び方

この時期ならではの植物選びを楽しもう

　一年中、店で季節の植物に接していますが、使いやすい定番の草花が次々と出てくるのが、秋から冬です。そして、この時期は植物の成長がおだやかなぶん、アレンジの幅も広げやすい。この花にはどういう葉ものを合わせようかとか、いい器を見つけたら何をどんなふうに植えようか、などなど……。秋から冬はイメージをふくらませやすく、いろいろな方法で「植物を選べる」時期なんです。

　ちょうど剪定のシーズンでもあるので、木を切って出た枝やつるをあしらいに使うことも多くありることがあります。

ますね。同じ植物同士なので、違和感がなく、少し足すだけでぐっとナチュラル感が出るんです。植物を鉢に植えて終わりではなく、そういう遊びを加えるのもおもしろいですよ。

大きな寄せ植えも小さな寄せ鉢も

　秋から初冬にかけての草花の筆頭は、やはりパンジー&ビオラですね。秋の初めから長期間出回りますが、手に入れたい品種があるなら、まめに園芸店をチェックしたほうがよいです。シクラメンやハボタンも12月になると品薄になるので、ちょうど剪定のシーズンでもあるので、木を切って出た枝やつるをあしらいに使うことも多くあり

この時期なら苗を詰めぎみに植えても大丈夫なので、大きめの鉢を使った寄せ植えも作りたくなります。個人的には小さな鉢に1種1苗を植え、それらを集めて飾る寄せ鉢スタイルが最近のお気に入り。植え方も簡単で、場所が限られている方でも楽しめますし、自分好みの飾り方ができるのでおすすめですよ。

売り切れ続出の'ローブドゥアントワネット'。ゴージャスで存在感がありながら、品のあるパンジー。

パンジーを使わない手はない！

旬のフリフリパンジーはとことんかわいらしく！

フリフリパンジーは女性に大人気で、うちの店でもすぐに売り切れちゃうんですよ。そのフリルのかわいさをストレートに生かしました。淡い色めだけでもいいのですが、1株濃い色を加えてアクセントに。葉ものは2種類のみで、特にピンク系の花とシルバーリーフは、鉄板の組み合わせです。シンプルで作りやすい寄せ植えなので、みなさんもぜひまねしてみてください。

【PLANTS LIST】
A　パンジー'ローブドゥアントワネット'
B　パンジー'ミュシャ'
C　シロタエギク
D　ハゴロモジャスミン
　　'ミルキーウェイ'
バスケットの大きさ：
30cm×20cm、高さ13cm

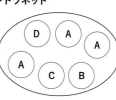

寄せ植えで力を発揮する、つるが伸びたハゴロモジャスミン。園芸店で見つけたら、即キープ。

どこから見てもきれいなパンジーの寄せ植えを
作りたくてできた、ラウンド型のバスケット。
丸いけれど、頂点と正面は意識して植えていま
す。こういう植え方なら、珍しくない普通のパ
ンジーでも必ずかわいくなりますよ。その際、
草丈がまちまちにならないよう、同じシリーズ
などで統一すると確実。さらに茎が長く伸びた
葉ものを入れて、花と絡み合わせると雰囲気が
出ます。

【PLANTS LIST】

A　パンジー‘デルタ ピュアオレンジ’
B　パンジー‘マリポサ ピーチシェード’
C　ビオラ‘ペニー バイオレット’
D　ビオラ‘ペニー ローズブロッチ’
E　ハゴロモジャスミン‘ミルキーウェイ’
F　オレガノ‘マルゲリータ’
G　ヘデラ‘ピッツバーグ’
H　ドリクニウム・ヒルスタス‘ブリムストーン’

バスケットの大きさ：
直径32cm、高さ24cm

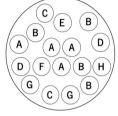

手ごろな価格帯のパンジーは、
心おきなくたくさん使えるのも
メリット。

葉ものは、別の寄せ植えに使っ
ていたものを再利用。

パンジーを使わない手はない！

紫と黄色反対色でメリハリを効かせて

淡いパープルが美しい小輪パンジーが主役なので、プランターは反対色のレモンイエローに塗りかえてメリハリをつけました。葉ものは目立ちすぎない小葉タイプを選び、ナチュラルな雰囲気に。上に伸びるオレアリアやドリクニウムで動きを、アジュガやオレガノのようなイエロー系で鮮やかさを演出。白い小花のアリッサムを入れることで、アクセントになりますよ。

フリル咲きの'キャンディーウェーブ'。1輪ごとに違う紫の微妙な濃淡に心惹かれる。

【PLANTS LIST】
A　パンジー'キャンディーウェーブ'
B　スイートアリッサム
C　ヘデラ'モコモコ'（3つに株分け）
D　オレアリア'リトルスモーキー'
E　タイム'フォクスリー'
F　オレガノ'ノートンズゴールド'
G　ドリクニウム・ヒルスタス'ブリムストーン'
H　アジュガ'ゴールドライム'

木製プランターの大きさ：38cm×14cm、高さ12.5cm

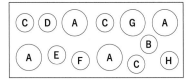

LEAF COLLECTION　葉ものをもっと使おう！

鮮やかさアップ

アジュガ 'ゴールドライム'

オレガノ 'ノートンズゴールド'

動きをつける

ドリクニウム・ヒルスタス
'ブリムストーン'

オレアリア 'リトルスモーキー'

引き立て役はシルバーリーフ。
ピンク色を
おしゃれに愛らしく

多彩な花色をもつパンジー。
魅力が生きるのは、
相性のよい組み合わせを見つけて
どんな葉もの？

シロタエギクを手前の目立つ
場所に植えて、リボンのよう
なアクセントに。

フリル咲きの'マリー
リーン'。同じ品種とは
思えないほど、株によっ
て色の濃淡が違う。

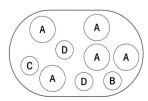

【PLANTS LIST】
A　パンジー'マリーリーン'
B　シロタエギク
C　バロータ・プセウドディクタムナス
D　コロニラ・バレンティナ（2つに株分け）
バスケットの大きさ：（植え込み部分）
26cm×18cm、高さ14cm

パンジーは1種類だけですが、色の出方に個体
差がある品種を選びました。だから濃いローズ
色もあれば、淡いピンク色もあって、グラデー
ションが楽しめます。そんな花色のすてきさを
生かし、おしゃれに見せてくれるのはシルバー
リーフ。バスケットもシルバーグレー色に塗る
ことで、雰囲気のある寄せ植えに。イメージに
合わない鉢でも色を塗ると、印象が変わってお
もしろいですよ。

パンジーを使わない手はない！

ニュアンスのある色合いがエレガントな'シフォンピーチ'。シックな葉色とよく似合う。

ピンクベージュ系のやさしい色のビオラは、どこか控えめな存在。キンギョソウやコプロスマなど、オレンジがかった黒っぽい葉ものを多く入れることで、淡い花色が浮き出てくるんです。花色に合わせて選んだ鉢は、単体で見ると明るい印象ですが、シックな葉ものを使うことでアンティークな風合いになり、一体感が生まれます。垂れたリシマキアの茎が、動きを添えて。

【PLANTS LIST】

A　ビオラ'シフォンピーチ'
B　リシマキア'ペルシャンチョコレート'
C　キンギョソウ'ブランルージュムーン'
D　コプロスマ'オータムヘーゼ'
E　コクリュウ
F　コプロスマ'コッパーシャイン'

鉢の大きさ／直径 25cm、高さ 15cm

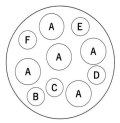

淡いやさしい花色は
ダークな葉もので
印象的に

LEAF COLLECTION
葉ものをもっと使おう！

キンギョソウ
'ブランルージュムーン'

コプロスマ'オータムヘーゼ'

コプロスマ'コッパーシャイン'

パンジーを使わない手はない！

大輪で、鮮やかな黄色に黒い模様（ブロッチ）が印象的な 'イエロー W ブロッチ'。

植物の高低差を生かしたダイナミックな寄せ植え

大きめプランターは、花壇と同じように考えるといいですね。今回は、植物の高低差を生かしたデザインにしました。後方には、高さのあるフォルミウムを。鉢の高さの2倍以上あると格好よく決まりますよ。続いて、中程度の高さのストックやスキミアを中央部分に。主役のパンジーは、ストックの赤紫色に映えるおなじみの黄色いタイプ。数多く配置して華やかで躍動感のある寄せ植えに仕上げました。

LEAF 🍃 COLLECTION
葉ものをもっと使おう！

黒い細葉の**コクリュウ**

プランターの「黒」に合わせて

赤茶色の細葉が美しい
フォルミウム 'レッド'

黒い色が映える、ライム色の
バーベナ・テネラ 'オーレア'

茎が印象的な
**リシマキア
'ペルシャンチョコレート'**

白い斑入りで光沢のある
コプロスマ 'マーブルクイーン'

【PLANTS LIST】

A　パンジー 'イエロー W ブロッチ'
B　ストック
C　スキミア 'フィンチー'
D　フォルミウム 'レッド'（ニューサイラン）
E　ルコテー 'カーリーレッド'
F　コプロスマ 'マーブルクイーン'
G　リシマキア 'ペルシャンチョコレート'
H　コクリュウ
I　バーベナ・テネラ 'オーレア'

プランターの大きさ：45cm× 20cm、高さ 16cm

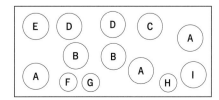

ビオラと葉ものを
交互に植えて永遠を描く

――小輪のビオラと大輪のパンジー
それぞれの魅力を生かした飾り方で
春まで長く楽しもう

1輪が小さい極小輪タイプのビオラ。黄色の濃淡がかわいい'ゲブラオリジナルビオラ'（下右）と、紫と黄色の2色をもつ'リトルコニー'（下左）。

【PLANTS LIST】
A　ビオラ'ゲブラオリジナルビオラ'
B　ビオラ'リトルコニー'
C　シレネ・ユニフローラ'バリエガータ'
D　ハクリュウ
E　アラビス'バリエガータ'
F　オレガノ'ノートンズゴールド'
G　ロニセラ・ニティダ'ホワイトマジック'
H　タイム'フォクスリー'
バスケットの大きさ：直径30㎝、幅8㎝、高さ9㎝

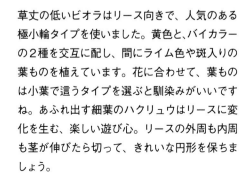

草丈の低いビオラはリース向きで、人気のある極小輪タイプを使いました。黄色と、バイカラーの2種を交互に配し、間にライム色や斑入りの葉ものを植えています。花に合わせて、葉ものは小葉で這うタイプを選ぶと馴染みがいいですね。あふれ出す細葉のハクリュウはリースに変化を生む、楽しい遊び心。リースの外周も内周も茎が伸びたら切って、きれいな円形を保ちましょう。

パンジーを
使わない手はない！

おなじみの赤いパンジーを
レモンイエローで
イメチェン！

パンジーのこんもりとした草姿は、つり鉢スタイルにもおすすめ。とくに赤いパンジーはあたたかみがあって、冬にいいですよね。けれど、赤だけではちょっと暗いんです。レモン色のパンジーと出合うことで、お互いを引き立て合いますよ。鉢から垂れて動きを出しているのが、ヘデラとアリッサム。斑入りやライム色の葉色を選び、明るく鮮やかな印象に仕上げました。

【PLANTS LIST】

A　パンジー‘レッドWブロッチ’
B　パンジー‘ピュアレモン’
C　アリッサム‘フロスティーナイト’
D　グレイッシュケール‘ファントム’
E　ヘデラ‘エンジェル’
F　ヘデラ‘ダックフット’

バスケットの大きさ：（植え込み部分）
直径26cm、高さ20cm

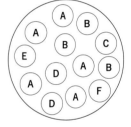

渋めな赤色で、真ん中にある模様（ブロッチ）が印象的な‘レッドWブロッチ’（上）と、さわやかなレモンイエロー色の‘ピュアレモン’（下）。

パンジーを使わない手はない！

春先まで玄関を彩り続ける
ウインターホワイトの贅沢

冬の間咲き続けるビオラは、スリットタイプのハンギングにぴったり。今回は、白でまとめてすっきりと。普通のビオラが、ぐっとすてきになりますよ。そこにイベリスを加えて表情豊かに。葉ものはシルバーリーフを選ぶと、白い花が映えるんです。中央の左右には、存在感のあるシロタエギクと黒っぽいケールを。シルエットをそろえると、色の対比がドラマチックになります。

植物が成長すると、ハンギングの形は四角く乱れがち。伸びた茎は切って丸い形をキープしよう。花がら摘みも忘れずに。

※このハンギングバスケットの植物名と植えつけ図、作り方は、24〜25ページで紹介しています。

白い縁取りに青が映える'ヨコハマセレクション フレアーブルー'（上）と、シックな色合いが美しい'金茶'（下）。

お気に入りのビオラを見つけたら、色合わせをコーディネート。主役は青のビオラで、引き立て役は金茶のビオラ。青い花にはライムグリーン色のリーフを合わせて、鮮やかさをアップさせました。金茶色の花には同じトーンのリーフを選び、落ち着いた雰囲気に。役割をそれぞれ決めて植えると、並べたときに美しく調和するんです。鉢のサイズも変えるとまとまりやすいですね。

【PLANTS LIST】

右）
A　ビオラ'ヨコハマセレクション フレアーブルー'
B　ヒューケラ'レモンシュープリウム'
C　リシマキア'リッシー'
鉢の大きさ：直径18㎝、高さ12㎝

左）
D　ビオラ'ヨコハマセレクション 金茶'
E　オキザリス'黄昏'
F　リシマキア'ミッドナイトサン'
鉢の大きさ：直径15㎝、高さ9㎝

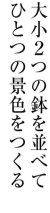

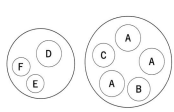

大小2つの鉢を並べて
ひとつの景色をつくる

ビオラとイベリスの
ハンギングバスケットの
作り方

上面からだけでなく、側面のスリットにも植えつけられるスリットタイプのバスケットの最大の魅力は、きれいな球状に仕上がることです。苗は少し乾かし気味にしておくと、作業がしやすいですよ。形よく作るための手順とコツを紹介していきましょう。

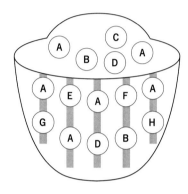

《用意するもの》

スリットタイプのバスケット

培養土、緩効性粒状肥料、土入れ

A	ビオラ 'ピュアホワイト' 6株
B	イベリス 'ブライダルブーケ' 2株
C	オレアリア 'リトルスモーキー' 1株
D	ヘデラ 'レディケイ' 1株（2つに株分け）
E	シロタエギク 1株
F	グレイッシュケール 'ファントム' 1株
G	サントリナ 1株
H	プラティーナ 1株

バスケットの大きさ：26cm×17cm、高さ20cm

スリットタイプのバスケット
扱い方の基本

バスケットのスリット部分を覆う、粘着テープつきのスポンジも付属

粘着部に触らないで！

バスケットのスリットに、粘着テープつきスポンジを内側から貼る。バスケットより少し高くすることで、水やり時に土が流れ出るのを抑えられる。

スポンジ表面の粘着部分に土をつけて、なじませる。株を差し込む際に、葉や茎が粘着部分に貼りつかないよう、しっかり土をつけておこう。

1 バスケット内に土を2cmほど入れたら、元肥として緩効性粒状肥料を入れる。

2 根鉢をやさしくほぐし、根鉢の形を細くする。目安は2/3程度。苗を植えつけるたびに行う。

before → after

③ 下段に花苗を植える。苗をスリットの上から差し込み、下段まで素早く下げる。葉や茎がスリット内側に入らないよう、気をつけて。

④ ヘデラを2つに株分けする。根鉢部分をもち、まんじゅうを割るようにやさしく2つに分ける。

⑤ ④で株分けしたヘデラはつるの長いほうを下段・中央に植える。下段の両端に葉ものの苗を植える。

⑥ 下段に植えた苗の根が隠れるくらいまで土を入れる。

⑦ 側面の上段、中央と両端の3カ所に花苗を植える。

ウオータースペース分（約2cm）をキープ

⑧ 残った側面の上段2カ所に葉ものの苗を⑦と同様に植え、土を入れる。根が少し見えてもよい。

⑨ 上面に苗を植える。側面の上段に植えた苗と苗の隙間を見つけ、土を掘りながら植えていく。

NG
OK！

⑩ 側面に植えた花とつながるように、苗はスリットの縁にかかる感じで角度をつけて植える。そうすることで美しい球状になる。

⑪ 植え終わり。土を軽く押さえて、根を安定させる。つるの流れなどを調整し、全体の丸みを出す。

⑫ 植えつけ直後に、やさしい水流で上からたっぷりと水やりする。その後も土が乾いたら同様に水やりをする。

幅広く楽しんでこそのシクラメン

まず植物を決め、枝をさして大枠を決めてから植え込むと、全体の形が決まりやすい。

【PLANTS LIST】

A　シクラメン‘フェアリーピコ’
B　スキミア‘ルベラ’
C　ケール‘ヴィヴィアンビスチェ’
D　カレックス‘ブロンズガール’
E　エリカ‘バレリーグリフィス’

プランターの大きさ：
60cm×23cm、高さ23cm

B		D	E	
D	A	C	A	A

八重咲きのシクラメンを集め、赤紫のケールやスキミアをアクセントにして、ややダークな雰囲気に。カレックスで動きを出し、さらに剪定で出た枝を両側にさして、真ん中をナツヅタで結束。植物を覆う「かまくら」みたいになりました。草丈が低めの植物が多くて寄せ植えが平面的になりそうなときは、周りにある植物を活用すると自然な仕上がりになっていいですよ。

枝とナツヅタを使って
植物たちを
覆うように

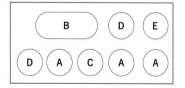

春まではほぼ同じ姿で長く楽しめるシクラメン。赤紫系の八重咲きの花を集めてシックに。

原種シクラメンの葉模様が際立つ小さなリース

こっちのシクラメンは地味系（笑）。派手な園芸品種ではなく、葉の模様を楽しみたくて原種シクラメンを選びました。アンティークのフレームに自然素材のリース型コンテナを入れ込むため、植え込む前に正円のリースを手でつぶして楕円形に。アレンジしてオリジナリティーを出しました。撮影の日はたまたまヘデリフォリウムの花が咲いていましたが、花はなくてもいいくらい。葉の美しさをじっくり堪能しましょう。

自然素材のリースは手でつぶせば形を変えられる。

【PLANTS LIST】

A　シクラメン・コウム
B　シクラメン・ヘデリフォリウム
C　アジュガ‘ハナビ’
D　セダム‘ドラゴンズブラッド’
E　ワイヤープランツ‘スペード’

リースの大きさ：
17cm×27cm、高さ6cm、植え込み幅6cm

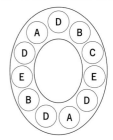

原種シクラメンの葉はバリエーション豊かで魅力的！

原種シクラメン・コウムの丸くてかわいい葉をセダムとワイヤープランツが引き立てる。

葉の色や形の違う3種を使用。フリフリの白系が'グラッフィート'、紫系が'ロマネフリル'。バラの花のような'ウォールクラック'。

進化の止まらない
ハボタンに夢中！

高低差を生かした躍動感はまるでハボタンの宝箱！

1本立ちで背丈のあるハボタンは、葉の部分もボリュームがあり、表情豊かです。それぞれの株の高さを生かして高低差をつければ、フリフリした横顔、バラの花のような巻き姿など、多彩な魅力を楽しめますよ。葉なのにあでやかな存在感はハボタンならでは。プランターのふたは棒で支えて半開きにしています。このふたがあるから、ハボタンの飛び出すような動きも感じられます。

【PLANTS LIST】

A　ハボタン'ウォールクラック'
B　ハボタン'グラッフィート'
C　ハボタン'ロマネフリル'
D　シロタエギク
E　オレガノ'マルゲリータ'
F　タイム'フォクスリー'
G　ヘデラ'レディケイ'

木製プランターの大きさ：48cm×23cm、高さ15cm

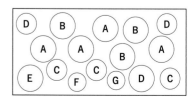

COLUMN

ポット苗は2タイプある

背丈のある1本仕立て(右)と、1ポットに低くて小さい株が5株ほど入ったタイプ(左)があります。作りたい寄せ植えによって使い分けるとよい。どちらも寒い間は伸びないので、形がキープできます。

使いたい脚つきの鉢を見つけたけれど、植物を植え込める深さがなかったので、ナツヅタを使って鉢の側面を作りました。鳥の巣みたいになった鉢には、何かがボコッと植わっているのがかわいいと思い、ベインがきれいなハボタンをセレクト。寒い間は草丈が変わらないので、花のように見える葉姿を長く楽しめます。

自然素材でアレンジした鳥の巣のような鉢

シックなハボタンにロニセラの明るさをプラスして。

ドリルで鉢の底に穴をあけてから、輪にしたナツヅタをワイヤで固定する（上）。ココヤシマットを敷いてから土を入れ、植物を植える（下）。

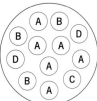

【PLANTS LIST】

A　ハボタン‘ヴィンテージベイン’
B　グレイッシュケール‘ファントム’
C　ロニセラ・ニティダ‘オーレア’
D　ワイヤープランツ‘スポットライト’

E　ワイヤープランツ‘スペード’
F　コプロスマ‘ビートソンズゴールド’

器の大きさ：（大）直径28cm、高さ23cm
　　　　　　（小）直径21cm、高さ14cm

フリルみたいに波打つハボタンのかわいらしさを素直に生かしたくて、小花と組み合わせました。選んだのはスイートアリッサム。ハボタンがピンク系なので、アリッサムは白と赤紫系を1株ずつ。白が少量入ると、ピンクのキュートさが際立つんです。もちろん、何に植えるかも大事。水色のバスケットは、"かわいい"にエレガントさもプラスしてくれる、最強の組み合わせです。

進化の止まらない ハボタンに夢中!

フリル状の
ハボタンと小花で
"かわいい"が
あふれだす!

【PLANTS LIST】
A　ハボタン'ピーチフラッシュ'
B　ハボタン'ベナ'
C1　スイートアリッサム(白)
C2　スイートアリッサム(赤紫)
D　ヘリクリサム'ライムミニ'
E　ヘデラ'シャルマン'
　　(4つに株分け)
バスケットの大きさ：
32㎝× 23㎝、高さ16㎝

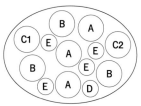

ハボタンは2種。フリンジ咲きでちりめんのような'ピーチフラッシュ'(上)と、ゆるやかに波打つ紫色の'ベナ'(下)。葉脈も美しい。

30

くしゅくしゅ、フリフリ……
ウエーブのかかった個性的な
葉の魅力をどう楽しむ？

隣り合わせのハボタン。つやのない質感で黒みを帯びた'スモーキー'（上）と、紫系で華やかな'ベナ'（中央）。

※使用している壁かけスタンドの作り方は123～125ページで紹介しています。

人気もの同士を
集めて
甘やかに、軽やかに

使っているのは、ハボタンとパンジーだけ。こういう場合は、植物の配置がすてきさを左右します。まずは明るいハボタンと黒系のハボタンを隣り合わせにし、色を響かせ合いましょう。アクセントになる黄色のパンジーは黒いハボタンの隣に。黒と黄色を合わせるとおしゃれですよね。ハボタンにパンジーのやわらかさを添えることで、風に揺れるような風情も加わり軽やか。

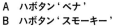

【PLANTS LIST】

A　ハボタン'ベナ'
B　ハボタン'スモーキー'
C　パンジー'天の羽衣'
D　パンジー'キャンディーウェーブ'

バスケットの大きさ：直径30cm、幅8cm、高さ9cm

立体感のある
飾り方が新鮮
ハボタンの
飛び出すアート

ハボタンならではの
ニュアンスカラーを
格好よく！
おしゃれに！

【PLANTS LIST】

A ハボタン'ヴィンテージブーケ'
B ハボタン'萌花'
C グレイッシュケール'ファントム'
D タイム'フォクスリー'
E ナガバジャノヒゲ
F オレガノ'ブルガリ'
G アジュガ'プチチョコレート'

フレームの大きさ：
外枠 36cm× 41cm、
植え込み部 20cm× 26cm、高さ 11cm

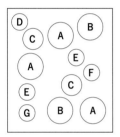

ハボタンは、丸葉の'萌花'（下）と、フリルのある'ヴィンテージブーケ'（上）。色合いはそっくり。

フレームを、深さ 11cmのボックスの上に取り付け、土を入れて植え込んでいく。

ハボタンを使ってフレームアートを作ってみました。ハボタンは似た色合いで形の違う2種を選び、ランダムに植え込みます。その間を、細かい切れ込みの入ったグレイッシュなケールでつなぎ、洗練された雰囲気に。細葉のジャノヒゲの広がりで動きを出して。立てて飾るときは、重心が下側にくるとバランスがいいですよ。額を植物で隠さないほうが格好よく見えます。

進化の止まらない
ハボタンに夢中！

くすんだ色合いがおしゃれなハボタンを、シックに華やかに引き立てるのは、ラベンダー色のプリムラ・ジュリアン。これはバラ咲きの品種で、ハボタンの葉の重なり方と似ているでしょう。同じような形状を隣に植えると、ハボタンの魅力がより強調されます。さらに、シロタエギクやオレアリアなどのシルバーリーフを加えることで、奥行き感のあるハンギングになりますよ。

黒いハボタンに紫色を
センスが薫る壁かけに

つやのない、くすみカラーが目を引く、ハボタン 'スモーキー'。シルバーカラーとも好相性。

【PLANTS LIST】

A ハボタン 'スモーキー'
B プリムラ・ジュリアン
　 'ブルーベリーのムース'
C イベリス
D オレアリア
　 'リトルスモーキー'
E キンギョソウ
　 'シュガーピーチ'
F シロタエギク
G バロータ
H ヘデラ 'リサ'
I ラミウム
　 'スターリングシルバー'

バスケットの大きさ：
25cm× 18cm、高さ 19cm

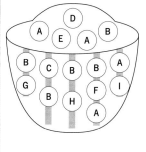

鮮やかに見せるために、葉ものは明るいライム系を合わせて。特にブルー系の花が引き立つ。

ベンチ型プランターで巡る季節を楽しむ

ベンチ型プランターに植えた春を思わせる元気色のお花畑

植物を何に植えるかで、寄せ植えの方向性はかなり決まります。これはうちの店のオリジナルデザインのベンチ型プランター。今回は木工用ペンキを混ぜて、青と緑の中間くらいの明るい色を塗りました。なので、晩秋だけど春っぽく元気な色の花をたくさん入れ、草丈も高いものも低いものもごちゃまぜに。多種多様な植物が入り交じった、にぎやかなお花畑ができました。

ペイントする前。塗る色でイメージががらりと変わる。背面があるので、つる性植物も這わせられる。

【PLANTS LIST】

A　アネモネ'オーロラ'
B　パンジー'絵になるスミレ ソレイユ'
C　パンジー'絵になるスミレ マリーヌ'
D　ビオラ'こうめももか'
E　ビオラ'コッパー'
F　パンジー'絵になるスミレ ミュール'
G　ビオラ'ペニー プリムローズバイカラー'
H　ビオラ'コリーナ テラコッタ'
I　ジャスミン'フィオナサンライズ'
J　カレックス'フロステッドカール'
K　ヒューケラ'フリンジレモン'
L　アジュガ'ピンクエルフ'
M　コプロスマ'オータムヘーゼ'
N　パンジー（オレンジ）

プランターの大きさ：
（植え込み部分）71cm×32cm、高さ9cm

ハボタンのアンティーク調の紫色に合わせ、ベンチは水色に。ベンチもハボタンも映えるよう、葉ものは明るいイエロー系を合わせて。

ベンチ型プランターは、簡単にいうと移動できる花壇です。背面があるので、その枠内に収まるようにデザインするといいですよ。背が高いハボタンの躍動感を生かすにはぴったりの場所。両端を低くし、中央部分は高さを出すなど、高低差をしっかりつけることを意識したいですね。今回は、庭をイメージした箱庭風なので、植物同士の間をあけてバークを敷いています。

【PLANTS LIST】

A　ハボタン '恋姿'
B　ハボタン 'ファーストレディ'
C　ハボタン '萌花グラッセ'
D　パンジー 'マリーリーン'
E　ビオラ 'シフォンピーチ'
F　ワイルドストロベリー 'ゴールデンアレキサンドリア'
G　コプロスマ 'コッパーシャイン'
H　アジュガ 'ゴールドライム'
I　アジュガ 'ディキシーチップ'
J　エレモフィラ 'フラフィー'

プランターの大きさ：(植え込み部分)
71cm× 32cm、高さ9cm

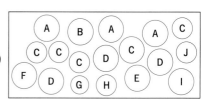

遠くから見ても目を引く
わが家の
すてきなシンボル！

プリムラは草丈が変わらず平面的なので、葉もので「でこぼこ」させるのがポイント。

Theme.5

冬はプリムラに頼りましょう

冬だからこそ引き立つプリムラの「青」

12月以降も園芸店をのぞいてみてください。パンジー&ビオラがひととおり出きったころ、店頭にプリムラが登場しています。多彩なプリムラの中からブルー系の花を集めて、「青っぽい寄せ植え」を作りました。グラデーションありストライプあり、青のあせぐあいもいろいろなので、ジーンズっぽい雰囲気に（笑）。

【PLANTS LIST】

A　プリムラ・ポリアンサ
　　'ディスカバリングストライプス'
B　プリムラ・ポリアンサ
　　'ホワイトレインボー'
C　プリムラ・ジュリアン
D　パンジー'ピュアライトブルー'
E　パンジー'ピュアバイオレット'
F　ミスカンサス

G　ヘリクリサム'シルバースノー'
H　オレアリア'リトルスモーキー'
I　シロタエギク
J　ヘデラ'雪の妖精'
K　ワイヤープランツ
L　ワイヤープランツ'スポットライト'

バスケットの大きさ：
60cm×22cm、高さ21cm

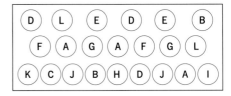

D	L	E	D	E	B
F	A	G	A	F	G	L
K	C	J	B	H	D	J	A	I

デザインできるから
多肉植物はおもしろい

多肉植物とコケって一見、好む環境が合わなそうですよね。でもスナゴケは乾燥を好むし、冬場は多肉植物にも水をほとんどやらないので、コラボしてみました。管理はスプレーでコケの部分を湿らすくらい。テーマは「多肉植物の箱庭」なので、びっしりとは植えず、スカスカに。多肉植物が苦手という人も、これくらいならできそうな気がしませんか？

多肉植物と乾燥に強い
スナゴケを
箱庭風にアレンジ

多肉植物は花のように見える形状のものを中心に植え、間にスナゴケを敷く。スナゴケ以外に、ドライ花材のシルバーモスなども配置して。

【PLANTS LIST】

A　ロゲルシー（クラッスラ）
B　樹氷（セデベリア）
C　レズリー（エケベリア）
D　乙女心（セダム）
E　すみれ牡丹（エケベリア）
F　ワテルメイエリー（クラッスラ）
G　デビー（グラプトベリア）
H　ペンデンス（コチレドン）
I　立田（パキベリア）

ボックスの大きさ：44cm×32cm、高さ 15cm

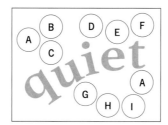

大きさや形の違う鉢を寄せて集めて！

ビオラ1株の愛らしさを堪能するなら、寄せ鉢スタイルがいいですね。サイズの違う鉢を使えば立体感も出ますし……。ビオラの葉色と違うカラーリーフを合わせれば、花色の魅力が増しますよ。ライムグリーン色を入れたのは、春っぽさを出したかったから。花色は豊富ですが、3色までに絞るとすてきに決まります。ブリキの鉢そのままだと冷たい感じがしたので、あたたかみのある色に塗りかえました。

紫、ピンク、黄色
それぞれの花色を楽しむ

蝶が群れ飛ぶような咲き姿と、多彩なニュアンスカラーが人気のビオラ 'パピヨンワールド'。

COLUMN
鉢をペイントする

ブリキの鉢に塗ったのは、水性ペンキ。しっかり乾かせば、水やりしても色は落ちにくい。バスケットや木製プランターも同じように塗っています。

【PLANTS LIST】

A　ビオラ‘パピヨンワールド’
B　ヘリクリサム‘ライムミニ’
C　キンギョソウ‘シュガーピーチ’
D　コロニラ・バレンティナ
E　ウエストリンギア‘モーニングライト’
F　タマリュウ

鉢の大きさ：
a 直径10cm、高さ12cm
b 直径9cm、高さ9cm
c 直径11cm、高さ17cm
d 16cm×11cm、高さ16cm

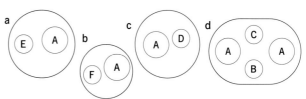

LEAF 🍃 COLLECTION
葉ものをもっと使おう！

ヘリクリサム‘ライムミニ’

タマリュウ

**ウエストリンギア
‘モーニングライト’**

コロニラのような背丈のあるカラーリーフを背景にして、ビオラの間からちらちらのぞかせることで表情豊かに。

大きさや形の違う
鉢を寄せて集めて！

アンティークのトランクをどう使おうか考えて、これも寄せ鉢に、とコーディネート。寄せ植えにしたくないタイプの植物ってありますよね、たとえばクリスマスローズ（ヘレボルス）とか。これなら鉢をそのまま入れるだけで、これまでとは違った雰囲気で楽しめます。今回は鉢を入れたトランクの隙間に枝を入れて、ナチュラル感を出しました。

単植の植物を
集合させて
アンティークの
トランクに

寄せ植えより簡単で遊べる
寄せ鉢スタイル

【PLANTS LIST】

A　ストック
B　ヘレボルス・フェチダス
C　ヘレボルス‘ウィンターベル’

トランクの大きさ：
48cm×32cm、高さ25cm
鉢の大きさ：
A　直径14cm、高さ14cm
B　直径12cm、高さ19cm
C　直径18cm、高さ19cm

トレーを使うと、空間全体にまとまり感が生まれ、ぐっとすてきに。

ガーデンテーブルや棚などに、単植の小さな鉢をとにかく寄せて集めた「寄せ鉢」。シンプルですが、なかなか奥の深い飾り方ではまっています。変わったビオラなどはわざわざ寄せ植えに入れるよりは、単植にしたほうが個々の魅力が引き立ちます。雑貨にこだわったり、ときどき置き場所や配置をチェンジしたりするのも楽しいですよ。

【PLANTS LIST】

A　プリムラ・マラコイデス
B　プリムラ・ポリアンサ
　　'ディスカバリングストライプス'
C　ビオラ'ヌーヴェルヴァーグ'
D　ビオラ'リトルコニー'
E　アジュガ'ピンクエルフ'
F　エリカ'バレリーグリフィス'
G　カルーナ'ガーデンガールズ'＋
　　ロフォミルタス'マジックドラゴン'

鉢の大きさ：
直径 6.5 ～ 16cm、高さ 8 ～ 21.5cm

お気に入りの花苗が
よりいとおしくなる
飾り方

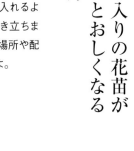

【PLANTS LIST】

A ヒヤシンス
B ガーデンシクラメン
C ムスカリ
D 日本スイセン
E プリムラ・ジュリアン'プリンアラモード'
F アスプレニウム・ケンゾイ
G ペペロミア・カペラータ
H スキンダプサス
I クロコダイルファン

鉢の大きさ：直径 9 〜 15cm、高さ 8 〜 25cm

こちらは寄せ鉢の室内バージョン。寒い時期に店頭に並ぶ芽出し球根を小さな鉢にそっと植えかえて、プレートの上に並べてみました。とくにヒヤシンスなどの香りのあるものは、室内に置くほうが芳香を味わえます。鉢もアンティーク風なものを使うなどこだわりを。鉢や飾る場所を選び、雰囲気づくりをすることで、身近な植物もおしゃれに楽しめますよ。

開花期間の短い
球根の花は
部屋の中で楽しんで

大きさや形の違う
鉢を寄せて集めて！

COLUMN

鉢をヴィンテージ風に

真新しい素焼き鉢は、土をこすりつけると、使い古したような味わいのある雰囲気になります。

芽出し球根や
観葉植物は
室内用にアレンジ

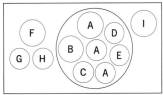

単植の大小さまざまな観葉植物も、数鉢集めて飾ると立体的なディスプレーに。白い粒状の肥料もガラス瓶に入れて並べれば、インテリアの一部になる。

冬の室内で楽しむ
チランジアと多肉植物

お気に入りの
毛糸で
マクラメ風に
つり下げて

ポストカードなどを飾るアイアンのラックに、大小さまざまなチランジアをつり下げたり置いたりしてみました。マクラメ風につり下げたほうは、毛糸を結んでチランジアをのせただけ。つり下げると立体的にチランジアが楽しめますし、毛糸を使うことで冬らしさを演出できます。

同じ長さの4本の毛糸を用意し、上下2カ所に結び目を作り、下の結び目にチランジアをのせる。毛糸は4色にしても同色を4本使っても。

【PLANTS LIST】
A　チランジア'コットンキャンディー'
B　チランジア・キセログラフィカ
C　チランジア・イオナンタ
ラックの大きさ：43㎝× 55㎝

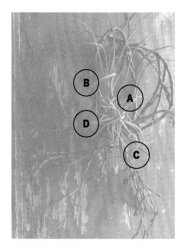

10月上旬、「フローラ黒田園芸」の屋外売り場にディスプレーしていたチランジア‘セントレア スカイリーフ’。真冬や真夏以外の季節は、チランジアも外で日に当てると葉色がきれいに出て、花も上がる。

剪定して出た枝を
ハート型の
リース台にして
ナチュラルな雰囲気に

シラカバの剪定枝をハート型のリース状に形づくり、麻ひもで固定した部分に4種類のチランジアを細いワイヤでくくりつけました。ベースは市販のリース台でもOK。ドアや壁など、好きな場所に飾って楽しみましょう。チランジアの葉がしなっとしてきたら、リースごと水にしばらくつけると、葉がみずみずしくなります。ただし、基部に水がたまると腐りやすくなるので注意。

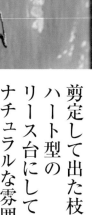

冬の室内で楽しむ
チランジアと多肉植物

ネックレス状に伸びる品種を
高さがある鉢でしだれさせて

【PLANTS LIST】

A　ルビーネックレス（オトンナ）
B　ピーチネックレス（セネシオ）
C　姫秋麗（グラプトペタルム）
鉢の大きさ：
直径 19㎝、高さ 24㎝

脚つきの高さがある鉢に、しだれるタイプを2種と、あまり伸びないタイプを混ぜて植えました。紫月とも呼ばれるルビーネックレスは茎が紫色で、気温が低いと葉も紫がかる品種。ただ、寒さに強いわけではないので、屋外に出すときは霜よけをして5度くらいの気温は保つようにし、水やりは控えめに。

46

多肉植物用の土を入れてから植物を植え込んでいき、端の隙間にはモスを。こうすることで隙間がきれいに埋まり、立てかけて飾る際に土がこぼれるのも防げる。

色や形、育ち方など
多肉植物の個性を生かせば
バリエーションは広がる

お気に入りの雑貨を
多肉植物用にアレンジ

もとはフレームのみだった雑貨の裏側に浅めの木のボックスをつけて、多肉植物を植え込めるようアレンジしました。多肉植物の大きさや色、形、質感といった個性を生かせるよう、配置の仕方には気をつけて。メインになるものを置いたら、ルビーネックレスのようにしだれるものを入れたり、隙間には株分けしたセダムやモスを入れるときれいに埋まります。

【PLANTS LIST】

A メビナ（エケベリア）
B 樹氷（セデベリア）＊2つに株分け
C 初恋（グラプトベリア）
D 銀明色（エケベリア）
E 静夜（エケベリア）
F コンパクツム（パキフィツム）
G パリダム（セダム）　＊2つに株分け
H カムチャッカム（セダム）
　＊2つに株分け
I ルビーネックレス（オトンナ）
フレームの大きさ：（内径）14cm×18cm

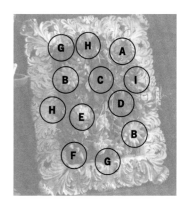

瓶に挿して
飾るだけでも
シックなコーナーに

——アートのようにかっこいい
寄せて並べて
奥行き感を描き出す！

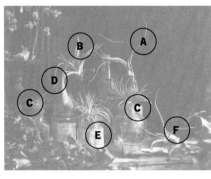

シンプルに間近で楽しみたいと思い、高さや形が異なる瓶にいろいろなチランジアを挿して集合させました。瓶に水を入れたくなりますが、チランジアの場合は空のままで。水やりはときどき瓶からはずして水につけてあげれば大丈夫です。室内のちょっとしたスペースを見つけて、小さなチランジアコーナーを作ってみては。

【PLANTS LIST】
A　チランジア・シュードベイレイ
B　チランジア・ハリシィ
C　チランジア・イオナンタ
D　チランジア・セレリアナ
E　チランジア・マグヌシアーナ
F　チランジア・カプトメドゥーサエ

冬の室内で楽しむ
チランジアと多肉植物

【PLANTS LIST】
A　銀手毬（マミラリア）
B　黄金司（こがねつかさ）（マミラリア）
C　アルマタ（フェロカクタス）
D　レコイ（マミラリア）
E　玉冠短毛（エキノプシス）
F　ミルクゥージ（セダム）
G　ブレビフォリウム（セダム）
H　リトルゼム（セダム）
プレートの大きさ：直径35cm、高さ2cm

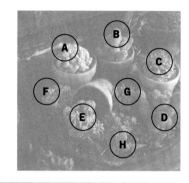

個性派サボテンを集めて立体的に楽しむ飾り方

群生するタイプのサボテンを集めて、ジオラマっぽく仕立ててみました。サボテンは小さな鉢に単植にし、底に穴をあけたブリキのプレートの上に立てたり倒したり。プレートの上にもサボテン用の土を入れて、直接植え込んでいるサボテンやセダムもあります。自然な雰囲気にするために、表面は枯れ葉でカバー。冬場の水やりはたまに霧吹きをかける程度です。

第2章 EARLY SPRING〜SPRING

早春から楽しむ
春の彩り

早春から春の植物の選び方

今だけのお楽しみ プリムラや芽出し球根

まだ寒い早春は、冬から続くプリムラなど耐寒性のある草花がおすすめです。花色によって清楚にも華やかにもできますよ。

春に咲く球根植物（スイセン、ムスカリ、アネモネなど）も、芽出しの状態の苗で出回り始めます。この時期なら、開花もゆっくりなので、じっくり長く楽しめます。花色も多彩で、八重咲きや小型種など、品種も豊富。お気に入りの苗を見つけたら、身近な場所に寄せ植えを置いて楽しんでください。雪の日や氷点下になる日は、花が傷むので軒下に入れてあげましょう。

スイセンなどは鉢植えで楽しんでいてくれるので、毎年ちゃんと咲いてくれるので、地植えできる場所があれば、地植えも手間がかからずいいですよ。それ以外の球根植物は、葉が黄色くなったら掘り上げて保管し、また秋に植えつけましょう。

園芸シーズンの到来。植えかえにも最適！

春3～4月はポカポカ陽気ですが、遅霜には気をつけましょう。色とりどりの草花はもちろん、ガーデンに植えたい宿根草や低木の苗なども多く出回ります。植物の植えかえや株分けにも最適で、根が回った鉢植えは、一回り大きなサイズの鉢に植えかえましょう。

リーフ植物などは草姿が乱れていたら、剪定してコンパクトな状態にしてから再利用しましょう。気温の上昇とともに発生する病害虫対策には、浸透移行性の殺虫殺菌剤が便利です。

ゴールデンウイーク前後からは、ナスタチウムやゼラニウムなど、夏や秋まで咲き続ける花苗も増えてきます。鉢植えに限らず、花壇の植えかえでもコーディネートを楽しんでください。

花色が多彩なプリムラ どの花色を選ぼうか？

フリルのピンクのプリムラで
ラウンドブーケのような
寄せ植えに

左ページ／メインはブルーの単色のプリムラと、同じブルー系で花びらに柄があるプリムラ。パンジーもブルーを選んで、プリムラの青を引き立てました。花色が豊富なプリムラですが、何色も入れるとまとまりにくいので、色数はしっかり絞って。今回、葉ものは黒を入れてちょっとかっこつけてみましたが、かわりに白斑の葉にするとさわやかなイメージになります。

【PLANTS LIST】
A プリムラ‘ベラリーナ’
B プリムラ‘アンティークストライプ’
C パンジー‘トゥルーブルー’
D コクリュウ
E マスタード‘レッドフリルス’
F ヘデラ‘モコモコ’
鉢の大きさ：直径 32㎝、高さ 18㎝

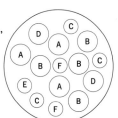

鉢として使ったのはブリキ製の雑貨なので、そのまま贈りものにできるようなイメージで。器の底に5つ穴をあけてから、八重咲きのフリルのプリムラをメインに使い、全体に丸みが出るように植え込みました。プリムラの中でもジュリアンやポリアンサは縦にも横にも伸びないので、こういう寄せ植えにぴったりです。ただ、花が次々と上がってくるので、早めに花がら摘みをして肥料もきらさないように。

【PLANTS LIST】
A プリムラ‘ポンポンラパン’
B プリムラ‘フユノアオゾラ’
C プリムラ・ジュリアン‘シルキー’
D ヘデラ‘スペチュリー’
E ラミウム‘ビーコンシルバー’
F マツノハマンネングサ
鉢の大きさ：
直径 18㎝、高さ 10㎝

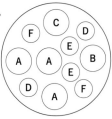

ブルー系と黒でまとめて
プリムラの青を
とことんかっこよく

3鉢ワンセットで簡単かわいい！

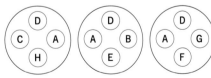

【PLANTS LIST】

A　プリムラ・ジュリアン（バラ咲き・オレンジ色）
B　プリムラ・ジュリアン（バラ咲き・白）
C　プリムラ・ジュリアン（バラ咲き・イエロー）
D　ハゴロモジャスミン
E　ベロニカ 'ミッフィーブルート'
F　キンギョソウ 'アールグレイ'
G　カレンデュラ
H　斑入りマルバマンネングサ
鉢の大きさ：（3つとも）直径12㎝、高さ10㎝

きれいなオレンジ色のプリムラを小さな鉢で楽しみたいと思い、同じ鉢を使って3つの寄せ植えを作りました。つるの長いハゴロモジャスミンをすべてに入れているので、それぞれが平坦にならず、3鉢並べてみると鉢の小ささを感じさせないボリュームに。植物の成長がおだやかなこの時期は、少し詰め込みぎみに植物を入れても大丈夫です。

※中央の寄せ植えの作り方は、55ページで紹介しています。

少しずつアレンジしたオレンジ色のプリムラを3鉢ワンセットで楽しむ

プリムラ・ジュリアンの 小さな寄せ植え

右ページで紹介したプリムラの寄せ植えの作り方を紹介します。株が横に広がらないプリムラ・ジュリアンは、小さな鉢でも植えやすく、作ったときの形を長くキープできます。今回は3つ並べた中央の鉢の作り方を紹介しますが、ほかの2つも植え方は同じ。手前の葉ものを変えるなど微妙に変化させて、3鉢並べて楽しみましょう。

《用意するもの》(54ページ中央の鉢)

鉢底用ネット

大粒の赤玉土（小さめの鉢底石でもよい）

培養土、元肥（緩効性肥料）

土入れ

A　プリムラ・ジュリアン（バラ咲き・オレンジ色）　1株

B　プリムラ・ジュリアン（バラ咲き・白）　1株

D　ハゴロモジャスミン　1株

E　ベロニカ‘ミッフィーブルート’　1株

鉢の大きさ直径：12cm、高さ10cm

1
鉢底の穴に鉢底用ネットを敷き、大粒の赤玉土をひとならべする（鉢の高さの約1/5）。その上に培養土を1/5くらいと規定量の元肥を入れる。

2
オレンジ色のプリムラをポットから出す。写真の右の苗のように根が回っていたら、手でやさしく土をほぐし、左の苗まで根鉢の形を整える。

5
最後に白いプリムラを入れる。鉢が小さくて入りづらいので、指で押し込むようにする。

3
根鉢をほぐしたプリムラを鉢に植え、培養土も少し足す。

6
ハゴロモジャスミンのつるを手前にもってきて、余分なつるは切り取る。八重咲きの花は花びらに水がたまりやすいので、水やりは株元にそっと行う。

4
手前にベロニカを入れて、鉢の前に垂らすように植える。そのあと、奥にハゴロモジャスミンを植える。

春先の芽出し球根を楽しむ

アネモネとヒヤシンスという、ニョキニョキと花茎を立ち上げて咲く花を集めてウッドボックスに。2種の葉ものがピンクの濃淡の花を引き立てていますが、ボリュームのあるアネモネの葉もグリーンの役目を果たしています。このボックスは植物を植え込むためのものではないので、木が腐らないようにビニールを敷いて底に排水用の穴をあけてから植え込んでいます。

緑で埋めた
ウッドボックスから
ピンクの花が
顔をのぞかせて

【PLANTS LIST】

A アネモネ '凛々花'
B ヒヤシンス
C ドリクニウム・ヒルスタス '
 'ブリムストーン'
D ヘデラ 'アダム'

ボックスの大きさ：
35cm× 22cm、高さ15cm

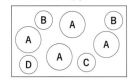

白と黄色の花を集めて壁かけタイプのバスケットに。背が高くなるスイセンを後方と右側に植え、左側はアネモネで高さを補っています。長く垂らしたヘデラが全体のシルエットをつくり、優雅な雰囲気に。花がいっぺんに終わらないように多種の球根花を植えましたが、すべての花が終わったら、ストックやスカビオサなどに入れかえれば、引き続き楽しむことができます。

早春らしさいっぱいの花々を目線の高さで楽しむ壁かけ

春先の芽出し球根を
楽しむ

春を待つ野原で自由に咲く
球根の花たち

【PLANTS LIST】

A　ムスカリ‘ブルーマジック’
B　バイモユリ
C　オーニソガラム・バランサエ
D　斑入りマルバマンネングサ
E　セダム‘ゴールドビューティー’

バスケットの大きさ：
直径26㎝、幅8㎝、高さ10㎝

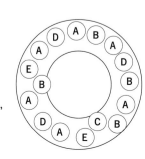

通常は草丈が低めの植物を植え込むリース型の
バスケットを、あえて使い方を変えて「野原っ
ぽく」。3種の芽出し球根の苗は、ポットから出
してばらさずに植えました。植物たちは草丈も
いろいろ、向きもばらばら、そして花がちらち
らと。表面をシートモスやこけで覆うと見た目
がよくなります。色数は少なくても、早春の野
原っぽさが出ていませんか？

壁などにかけて春と遊ぶ

側面には植えず、上部から植え込むだけのアイアン製壁かけハンギング。ピンクのグラデーションにさわやかなライムグリーンを合わせました。濃いピンクのテトラティカは、上に伸びたり垂れ下がったりするのでハンギング向きです。クレマチス・ペトリエイの花期は短いですが、花後は細かい葉を葉ものとして楽しみます。

ピンクの濃淡が
混ざり合い
壁面が春らしく
華やかに

上部の両縁は低く、中央部を高くし、こんもりとしたラインに。

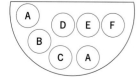

黄緑色の小花が、クレマチス・ペトリエイ。小葉もきれい。

【PLANTS LIST】

A　テトラティカ
B　アジュガ‘ゴールドライム’
C　ヘデラ‘ラブグリーン’
D　ブラキカム‘恋心’
E　クレマチス・ペトリエイ
F　ネメシア‘アレンジピンク’

バスケットの大きさ：
（植え込み部分）30cm×18cm、
高さ18cm

２つのバスケットに共通で植えた、ロベリア（上）とクリーピングタイム（下）。並べたときにリズムが生まれる。

仕立て方を変えるだけで
花や葉の魅力を引き出せる

【PLANTS LIST】

A　クリーピングタイム
B　ロベリア
C　アラビス・ブロクレンス 'バリエガータ'
D　アレナリア・モンタナ
E　グレコマ 'レッドステム'

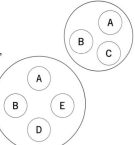

バスケットの大きさ：
（手前）直径 18cm、高さ 13cm
（奥）直径 14cm、高さ 11cm

微妙に大小があるワイヤーバスケットを２つセットにして飾りました。あふれるように咲くクリーピングタイムとロベリアを両方に入れ、それらをつなぐように異なるリーフプランツでアレンジ。使い慣れた身近な花も、使い方と飾り方しだいで、その魅力を再発見できますよ。

鉢を組み合わせた
寄せ植え風の場面づくり

ジョウロの取っ手が、ネメシアで隠れないようにして軽快な印象に。

数年前からおすすめしている寄せ鉢スタイル。花や葉ものを1品種ずつ植えてまとめて飾るだけなのですが、大小の鉢を組み合わせたり、異素材の雑貨を使ったりと、好みやセンスを発揮できます。右下の白いジョウロは底に穴をあけてから植えました。花が終わったら別の鉢植えに差しかえられますし、こういうコーナーがあると植物を飾るのがよりいっそう楽しくなりますね。

好みの鉢に植えた花や葉で構成してお気に入りのコーナーに

【PLANTS LIST】
A　スカビオサ‘ブルーバタフライ’
B　テイカカズラ‘スターフレグランス’
C　オステオスペルマム
　　‘ダリーナダブルエンリコ’
D　ペラルゴニウム‘デュエット’
E　ネメシア‘エッセンシャル
　　ストロベリー’

鉢の大きさ：A 直径21cm、高さ18cm
　　　　　　B 直径21cm、高さ30cm
　　　　　　C 直径16cm、高さ14cm
　　　　　　D 直径12cm、高さ13cm
　　　　　　E 18cm×14cm、高さ21cm

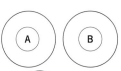

意識したのは「シーンづくり」。同じサイズの3鉢で、春らしくもシックな場面をつくってみました。スカビオサをすべての鉢に入れ、オダマキは華やかなタイプと渋い花で変化をつけています。ひとつの大きな鉢に寄せ植えもよいですが、こういう植え方ならスペースがなくてもトライできるのでぜひ。

スカビオサとオダマキが風に揺れる小さなシーン

横からの眺め。スッと伸びたスカビオサの茎が風に揺れる姿もきれい。

【PLANTS LIST】
A　スカビオサ
B　オダマキ‘チョコレートソルジャー’
C　オダマキ‘ウィンキー’
D　セダム‘コーラルカーペット’
E　ヘリクリサム‘ライムミニ’
F　アラビス・プロクレンス
　　‘バリエガータ’

鉢の大きさ：（3つとも）
直径 12cm、高さ 11cm

ネメシアとバコパ
2つのスタイルで楽しむ

【PLANTS LIST】

A ネメシア 'ブラックベリー'
B バコパ 'スコーピア ラベンダー'
C バコパ 'スコーピア インディゴ'
D アラビス・プロクレンス
　　'バリエガータ'
E グレコマ 'レッドステム'
F アケビ 'バリエガータ'

バスケットの大きさ：
直径30cm、幅9cm、高さ9cm

ネメシアや八重咲きのバコパ2色など細かい花と、リーフプランツも葉が小さめのものを選びました。全体の色のトーンはパープル系で統一。春はさまざまな花が店頭に並びますが、寄せ植えの場合は花色を多く使わずに色数を絞るほうが際立ちます。リース型の器材は、壁に立てかけても見栄えがします。

八重咲きのバコパ 'スコーピア インディゴ'（上）と、ネメシア 'ブラックベリー'（下）。青紫系でそろえて。

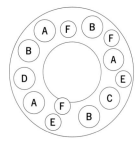

潔く色数を絞り
小花と葉ものでまとめて

八重咲きのバコパ 'スコーピア スノーボール'（上）と、ネメシア 'アレンジホワイト'（下）。白系で色を統一。

64

アンティークテイストのカップ形の鉢をどう使おうか考えて、白とグリーンの潔い寄せ植えに。こういうデコラティブな鉢は、植物の色数を抑えるのがポイントです。この寄せ植えは強く主張する植物がないかわりに、グリーンのニゲラの花形のおもしろさやブルンネラの美しい葉脈の美しさなど、実は多くの要素が詰まっています。

【PLANTS LIST】
A　ネメシア‘アレンジホワイト’
B　バコパ‘スコーピア スノーボール’
C　ユーフォルビア‘ダイアモンドフロスト’
D　ニゲラ‘グリーンマジック’
E　ナツメグゼラニウム
F　ラミウム
G　ヘデラ‘ラブグリーン’
H　ブルンネラ‘ジャックフロスト’
鉢の大きさ：直径30㎝、高さ30㎝

まとまり感があるなかに
それぞれの魅力が引き立つ

穴のあいていない雑貨に穴をあけて、鉢として利用している。

魅力が際立つ
寄せ植えのアイディア

多肉植物の
個性を生かす
鉢選びとスタイリング

当店では、一時的なブームというよりはずっと安定して人気がある多肉植物。草花とは違うスタイリングができるのが魅力です。左前の鉢は多種のエケベリアを中心にして、株間に垂れるタイプを入れました。右奥は、けばだっている個性的なカランコエなどを。どちらの鉢も底に穴があいていなかったので、あけてから植えました。

【PLANTS LIST】
（左前）
A　マローム（エケベリア）
B　サブセシリス（エケベリア）
C　デレッセーナ（エケベリア）
D　ジョアンダニエル（エケベリア）
E　ファンクイーン（エケベリア）
F　ゴールドビューティー（セダム）
G　カメレオン錦（セダム）
H　ブロウメアナ（クラッスラ）
鉢のサイズ：直径 14cm、高さ 18cm

（右奥）
A　銀箋（クラッスラ）
B　ゴールドビューティー（セダム）
C　黒兎（カランコエ）
D　星兎耳（カランコエ）
E　ジンガールブラ（クラッスラ）
鉢の大きさ：直径 15cm、高さ 37cm

花色はパープル～ピン
ク系のトーンでそろえ
たなか、白いオルレア
が映える。

地植えじゃなくても
作れる小さな
ナチュラルガーデン

大型の鉢を使い、鉢で「小さな庭」をイメージ。庭を一部分だけ切り取ったような雰囲気にし、草花の高低差をつけてナチュラルに。花色のトーンはパープル～ピンク系なので、花色のパープルに合わせて葉ものも合わせています。オルレアの花は一時的ではありますが、この季節ならではのさわやかさがあり、みんな好きですね。

【PLANTS LIST】

A　オルレア
B　レースラベンダー
C　サルビア・ネモローサ
D　ヘリオトロープ
E　イベリス'クイーンアメジスト'
F　ユーカリ・アルビダ
G　ヒューケラ'ハリウッド'
H　ユーフォルビア'ダイアモンドフロスト'
I　サラダバーネット
J　ヘデラ'モコモコ'

K　ペラルゴニウム・シドイデス
L　ヒューケラ'シャンハイ'

プランターの大きさ：54cm×18cm、高さ20cm

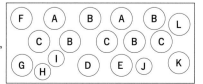

定番の花の魅力に再注目を！

黄色いナスタチウムと、オレンジ色のディアスシアの組み合わせが鮮やか。

見ているだけで
元気が出てくる
ビタミンカラーのハンギング

【PLANTS LIST】

A　ナスタチウム
B　リナリア
C　ヘデラ 'ピッツバーグ'
D　エリゲロン
E　ディアスシア 'ジェンダ'
F　ゲウム 'フレームオブパッション'

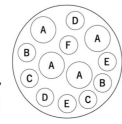

バスケットの大きさ：（植え込み部分）
直径30cm、高さ19cm

ナスタチウムは定番すぎるせいかあまり人気がないのですが（笑）、私は好きでよく使います。独特の黄色がかわいいし、形もおもしろいし、こういうハンギングにも向きます。ほかの花も黄色～オレンジ色でまとめると、エネルギッシュな感じに。柱などにアームを取り付ければ、こういう宙づりタイプのハンギングも気軽に楽しめます。

68

こちらも定番の花、ゼラニウム。八重咲きタイプのかわいらしさ満点の花なので、イエロー系の葉ものを合わせてバスケットに植え込みました。葉ものはいろいろなタイプがありますが、鮮やかなイエロー系を入れると急に春っぽくなります。また、リーフプランツとして使っているナツメグゼラニウムは、このあと小さな白い花が咲きだすのも楽しみです。

ピンクの八重咲きゼラニウムと鮮やかな黄葉で春らしさを演出

ピンクの八重咲きゼラニウムが、形の違う黄葉に映えて目を引く。

※この寄せ植えの植物名と植えつけ図、作り方は、70〜71ページで紹介しています。

《用意するもの》

透明フィルムシート、ハサミ

ほかにゴロ土（赤玉土大粒など）培養土、元肥、土入れ

A ゼラニウム 'レン' 2株

B オレガノ 'ケントビューティー' 1株

C タンジー 'ゴールデンフリーズ' 1株

D ナツメグゼラニウム 1株

バスケットの大きさ：26cm× 21cm、高さ 13cm

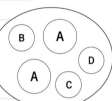

春爛漫
ゼラニウムバスケットの
作り方

69 ページで紹介した春らしさ全開の寄せ植え。八重咲きのゼラニウムと3種のリーフプランツで、丸みのあるかわいらしいバスケットを作りましょう。

4 バスケットの形に合わせて苗の配置を決める（上の植えつけ図を参照）。苗の向きや角度も考えて、できあがりの状態をイメージする。

1 透明フィルムシートをバスケットの内側に敷ける大きさに切り、底になる部分にハサミで2カ所程度、穴をあける。

5 ゼラニウムをポットから出す。根鉢は軽くくずす程度。これから暑くなるので、根鉢の土はあまり落とさないほうがよい。

2 透明フィルムシートをバスケットに敷き入れ、ゴロ土をバスケットの高さ1/5程度まで入れる。

6 ゼラニウムの1ポット目を植えたら、土を足し入れる。この時点で苗の向きや角度を決めて、位置を固定する。

3 ❷の上に元肥を混ぜた培養土を鉢の高さの半分程度まで入れる。透明フィルムシートをバスケットの縁に合わせて切る。

完成した寄せ植え。ゼラニウムは乾燥に強く、真冬と真夏以外は咲き続けて楽しめる。

10 タンジーの右隣にナツメグゼラニウムを入れる。

7 オレガノは後ろ側に配置するので、もう1ポットのゼラニウムより先に植え込む。植えたら土を足し入れる。

11 ウォータースペースを確保しながら、土を足し入れる。

8 もう1ポットのゼラニウムをオレガノの右隣に入れて、少し土を足す。

12 飛び出している茎などをカットしたり、全体が丸くきれいにまとまるよう調整する。最後に水やりをして完成。

9 タンジーを入れる。ライム色のリーフプランツが入るだけで、全体が明るい印象になる。

小さなスペースは寄せ植え感覚で楽しんで

東側に面した幅約1.7m×奥行き約0.6mの小さなスペースを生かした、春のミニ花壇です。奥から手前に向かって、背丈の高いもの、中間のもの、低いものを組み合わせると、立体感が自然と生まれます。横は両端を低くし、山なりを描くように高さのある植物を中央に配置するのが、ポイントです。春は華やかにしたかったのでピンクや紫色の花をメインに、白花をアクセントに加えた彩りにしました。

鉢で寄せ植えを作る感覚で花壇に苗を配置して植え込むだけ。宿根草のほか、一年草も加えると季節感のある春らしい植栽に。

【春の花壇を彩る花たち】

ルピナス‘ブルーボンネット’　スカビオサ

春の花のほかに、ライム葉のメギ、ユキヤナギ、セダム、アメリカテマリシモツケ'ルテウス'などを織り交ぜて、明るい雰囲気を出している。

セリンセ・マヨール

サルビア・ネモローサ

スターチス

バコパ'スコーピア'

第 **3** 章 EARLY SUMMER~SUMMER
初夏から楽しむ
夏のにぎわい

初夏から夏の植物の選び方

梅雨時期は大輪の花やビビッドカラーで明るく

長雨のシーズンは、ビビッドな花色や大輪の花を使った寄せ植えで庭を明るく演出してみませんか。おすすめはダリアやジニア、ルドベキアなど。それぞれ品種も豊富で秋まで開花を楽しめます。園芸店にはペンタスやユーフォルビア、アンゲロニアといった夏の花が入荷し始めます。この時期に植え込めば、夏までに根が十分張り、強い日差しや暑さにも耐えられるようになります。気温も湿度

も高くなり、病害虫の発生が多くなります。梅雨の晴れ間は真夏のように日差しも強くなるため、暑さに弱い植物は風通しのよい涼しい半日陰に移しましょう。

水やりも梅雨時期は土の乾燥具合を見ながら行います。湿度の高いときなので、土が湿っていたら水は与えず、乾燥気味をキープするように心がけましょう。梅雨明けすれば、夏本番です。急激に日差しが強くなるので、半日陰になるような場所を有効に使いましょう。簡単に取り付けできる遮光ネットなどを活用してもいいですね。

暑さに強い草花を味方に夏らしい色使いで楽しむ

夏は暑さに強い草花が心強いですね。ペンタスやユーフォル

ビア、ジニアやルドベキア、アンゲロニアなどがおすすめです。夏は思いっきりカラフルに黄色や真っ赤などを合わせたコーディネートも夏らしく元気がもらえます。逆にさわやかなホワイトや水色などの合わせも清々しくて涼しげです。暑いので、視覚からも涼しくなるように考えたいですね。

白い花だけを集めた寄せ植えも、クールな印象で、お客さまにも大人気。

夏は暑さに強い花を選んで、なおかつカラーコーディネートにもこだわりたいですね。

暑さに強い定番の花で
夏も寄せ植えを身近に

ペンタスは房状になって咲くので、ある程度咲き終わったら、房ごと花茎のつけ根で切る。次の花芽が出て次々と開花し、11月ごろまで咲く。

淡ピンクが濃ピンクを縁取る2色使いが印象的な'バイカラーピンク'。この繊細さがロマンティック。

小さな星状の花が
集まり房状に
ペンタス

鉢選びから
イメージが広がる
遊び心あふれる
夏の寄せ植え

ふたつきのボックスをあけたら、勢いよく飛び出す「びっくり箱」をイメージした、ペンタスの寄せ植えです。花を1種類に絞って、花と花の間に個性の異なる葉ものを合わせてみてください。花のピンクが引き立ち、にぎやかな雰囲気になります。ロニセラ・ニティダのようなイエロー系の葉ものを加えることで、全体を明るく鮮やかにしてくれます。

【PLANTS LIST】

A　ペンタス'バイカラーピンク'
B　ロニセラ・ニティダ'オーレア'
C　五色斑ナツヅタ
D　カレックス'エベレスト'
E　ハゴロモジャスミン'ミルキーウェイ'

ボックスの大きさ：25cm×15cm、高さ13cm

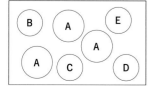

穂状に咲く花の
伸びやかさと
繊細な表情を
生かして軽快に

鳥かごからあふれ出る、サルビア・ファリナセアの白と紫の花色ミックスが、涼やかな寄せ植えです。鳥かごには排水用の穴をあけ、ココファイバーを敷いて土を入れ、ふたをした状態で植えつけました。色のトーンをそろえつつ、咲き方の違うフロックスを加えてアクセントに。紫の花色が映えるよう、黄色みを帯びた葉ものを選び、引き立てます。

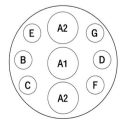

すらりと伸びた
青や白の花穂が美しい
サルビア・ファリナセア

咲き姿の個性を
素直に生かせば
魅力がぐっと映える

【PLANTS LIST】

A1 サルビア・ファリナセア
　　（白）
A2 サルビア・ファリナセア
　　（紫）
B　サルビア・グレッギー
C　アンゲロニア'セレニータ'
D　フロックス'シュガースターズ'
E　斑入りヤブラン
F　ロニセラ'レモンビューティー'
G　ウエストリンギア
　　'モーニングライト'

鳥かごの大きさ：
直径24cm、高さ47cm

```
    E   A2   G
    B   A1   D
    C        F
        A2
```

暑さに強い定番の花で夏も寄せ植えを身近に

ヒマワリに似た花を咲かせるルドベキアには多くの品種があります。高さのある鉢を選べば、草丈のある品種が寄せ植えの軸になり、魅力が生きますね。鉢の高さの2倍程度の長さがあっていいんです。目線の集まる場所には、主役となるもうひとつのルドベキアを。黄と茶色のツートンカラーが個性的です。白い小花のスワインソナがチョウのように揺れて軽やか。

秋まで元気に咲く太陽みたいな花
ルドベキア

ルドベキアの黄色が映える夏のウエルカムコンテナ

【PLANTS LIST】

A ルドベキア'サハラ'

B スワインソナ・
   ガレギフォリア
   'ホワイトスワン'

C ルドベキア
   'デンバーデージー'

D ヒューケラ
   'メープルファッジ'

E ヘデラ'キプロス'

鉢の大きさ：
直径24cm、高さ22cm

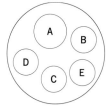

※この寄せ植えは、118〜119ページの「基本の寄せ植えの作り方」で紹介しています。

コンパクトに咲く花の
個性をどう生かそうか……
考えるのも楽しい

花つきがよく
株いっぱいに咲く
インパチェンス

八重咲き
インパチェンスで
シェードガーデンを
華やかに

八重咲きのインパチェンスは、バラのように見えてエレガント。日陰でも育つので、暗くなりがちな空間を明るく演出します。インパチェンス3株を、三角形を描くように配置し、間からリボンをイメージしてライムグリーン色のホスタを飛び出させたアイディアは遊び心たっぷり。左後方でふわりと揺れる白い小花のユーフォルビアが、涼感を誘います。

【PLANTS LIST】

A 八重咲きインパチェンス'ムシカ'
B ドリクニウム・ヒルスタス'プリムストーン'
C ユーフォルビア'ダイアモンドフロスト'
D ヒペリカム'マーブルイエロー'
E ホスタ'ファイヤーアイランド'

ブリキ製コンテナの大きさ：
21cm×16cm、高さ18cm

暑さに強い定番の花で 夏も寄せ植えを身近に

色鮮やかな花は
晩秋まで次々開花
マリーゴールド

元気印の
マリーゴールドを
おしゃれに見せる組み合わせ

マリーゴールドといえば、黄色とオレンジ色。おなじみの2色も混植すれば、自然とグラデーションが生まれてあでやか。葉ものはマリーゴールドの葉とは異なり、黄緑がかったやわらかい印象のものを選んで。マリーゴールドの株と株の間にコデマリを少し高めに、手前には低く斑入りのイワミツバを植えて、みずみずしさと立体感を出しました。

【PLANTS LIST】

A　マリーゴールド'ファイヤーボール'
B　マリーゴールド'ストロベリーブロンド'
C　コデマリ'ゴールドファウンテン'
D　ピットスポルム'バリエガータ'
E　斑入りイワミツバ

木製ボックスの大きさ；
38cm×20cm、高さ14cm

手前のオレンジ色が'ファイヤーボール'で、黄色っぽいのが'ストロベリーブロンド'。どちらの品種も花つきがよく、咲き進むにつれて花色が変化する。

暑さに強い定番の花で
夏も寄せ植えを身近に

バスケットをじか置きすると、風通しや排水性が悪くなり、蒸れやすく、虫の温床にもなりがち。バスケットの下に棒（割り箸など）を置いて底上げを。

風通しのよい
明るい日陰を好む
ベゴニア

バスケットの
取っ手を見せて
白ベゴニアを
さわやかに楽しむ

乾燥に強いベゴニアは、夏を彩る頼もしい存在です。潔く、花はベゴニアの白花1種だけにし、爽快で清楚な雰囲気に。斑入りやシルバーリーフを合わせると、白い花のきれいさが際立ちます。手前に垂らしたパーセノシッサスの葉が、躍動感を添えて。バスケットの中には排水用の穴をあけたビニールシートを敷いて植えています。

【PLANTS LIST】
A　ベゴニア・センパフローレンス
B　ロニセラ‘レッドチップ’
C　ピットスポルム‘バリエガータ’
D　オレアリア‘アフィン’
E　パーセノシッサス‘ガーランド’

バスケットの大きさ：
32cm×25cm、高さ16cm（持ち手上部まで30cm）

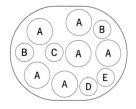

ベゴニア・センパフローレンスの光沢のある白い花びらと、黄色い花芯との対比は清楚。光沢感のある葉も美しい。

イメージに合わせて
自由に鉢選びを。
楽しさに目覚めますよ

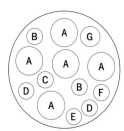

名前のとおり
毎日絶え間なく咲く
ニチニチソウ

【PLANTS LIST】

A ニチニチソウ
B ヘリクリサム
　'ホワイトフェリー'
C プリムローズジャスミン
D パーセノシッサス
　'ガーランド'
E ヘデラ '雪の妖精'
F ディコンドラ
　'シルバーフォールズ'
G センテッドゼラニウム
　'レディプリマス'

鉢の大きさ：
直径21cm、高さ21cm

```
    B   A   G
  A   A   A
    D   C   B   F
      A   D
        E
```

プロペラに似た形の花を咲かせるニチニチソウ
を、脚つきの鉢にふんわり半円を描くように植
えました。かわいいピンクの株を後ろに固め、
淡紫色の株を正面手前に配置し、上品さをプラ
ス。主役の1株を引き立てるように、周りには
タイプの違うシルバーリーフや斑入り葉を植え
て、表情豊かなひと鉢に。垂れ下がる茎で、流
れと動きを演出しています。

洗練された
寄せ植えが似合う
ニチニチソウの実力

84

暑さに強い定番の花で
夏も寄せ植えを身近に

和洋どちらの
スタイルにも似合う
ナデシコ

小花が集まって球状に咲くナデシコは、華やかで存在感があります。アンティークのジョウロと組み合わせれば、おしゃれな雰囲気に。ジョウロは深さがあるので鉢底石を多めに入れています。こんもり丸く仕上げますが、高低差をつけると単調にならないんです。手前の白い花と後方の白い斑入り葉が、アクセント。垂れ下がるパーセノシッサスが軽快です。

手まりのように咲く
ナデシコの愛らしさを
おしゃれに楽しむ

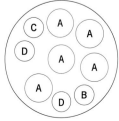

小花が密集している房咲きタイプなので、花がら摘みは1輪ずつではなく、房ごと切り落とす。ある程度開花が終わったら、房の元から切って。

【PLANTS LIST】

A　ナデシコ（ダイアンサス）
B　ランタナ・カマラ
C　ハツユキソウ
D　パーセノシッサス‘ガーランド’

ブリキ製ジョウロの大きさ：
直径 23cm、高さ 28cm
（持ち手上部まで 42cm）

少しずつ違う
小さな寄せ植えを
リズミカルに3鉢並べて

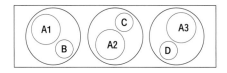

小さな花のかたまりが
這うように広がる
コバノランタナ

【PLANTS LIST】

A1　コバノランタナ（黄）
A2　コバノランタナ（オレンジ色）
A3　コバノランタナ（白）
B　　アジュガ 'ゴールドライム'
C　　ドリクニウム・ヒルスタス 'ブリムストーン'
D　　グレコマ 'レッドステム'

鉢の大きさ：（3つとも）直径 11cm、高さ 11cm

ボックスに3鉢
入れるだけ
簡単なのに
このかわいらしさ

"ワイヤーボックスに小さな鉢を3個入れたらかわいいかな" というのが発想の原点。花も葉も小さいコバノランタナ3色を主役に迎え、1鉢に花も葉ものも1株ずつ植えました。シンプルなのに並べると統一感があるのは、葉の色合いを黄緑色でそろえたから。けれど性質は上に伸びたり、しだれたり。違うタイプにすると全体に変化が生まれ、見飽きません。

暑さに強い定番の花で
夏も寄せ植えを身近に

キキョウの寄せ植えはひとつでもかわいいけれど、3鉢並べるとよりキュートに。同じサイズの鉢に、3株ずつ植えつけて。どの鉢にもキキョウを使いながら、ほかの植物はすべて変えています。そのほうがおもしろくなりますよ。紫の花にイエロー系の葉を合わせると反対色なので映えるんです。

風船のようにふくらむ
つぼみも愛らしい
キキョウ

小さなコーナーに
整列させて
キキョウの
愛らしさを再発見

【PLANTS LIST】

A キキョウ
B ロニセラ・クラシフォリア
C ピラカンサ‘ハーレクイン’
D ペニセタム
　‘ルーメンゴールド’
E クランベリー
F ヤブラン
G ベロニカ
　‘アズテックゴールド’

鉢の大きさ：(3つとも)
直径12cm、高さ10cm

暑さに強い定番の花で
夏も寄せ植えを身近に

汎用性が高く
晩秋まで元気に咲く
ジニア

小ぶりなワイヤーバスケットのラフな雰囲気に、小輪タイプのジニアのかわいい感じがぴったり。サイズの違うバスケットに色違いで植え込み、手作りの壁かけスタンドへ。かけるとき、大きい鉢を下にして重心を下げるとバランスがいいですよ。上の小さな鉢から垂れるヘデラは2つの鉢をつなぐ、アクセント。壁かけスタンドは自由に移動できて便利です。

サイズの違うバスケットは高さをずらして飾るとすてき！

【PLANTS LIST】

A1 ジニア・リネアリス（白）
A2 ジニア・リネアリス（黄）
B ドリクニウム・ヒルスタス
　 'ブリムストーン'
C ヘデラ 'ハロー'

ワイヤーバスケットの大きさ：
（右）直径 13㎝、高さ 10㎝
（上部まで 17㎝）
（左）直径 17㎝、高さ 13㎝
（上部まで 21㎝）

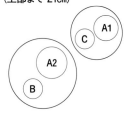

※壁かけスタンドの作り方は 123
～ 125 ページで紹介しています。

ブリキ製の雑貨を
鉢として活用してい
るので、植える前に
鉢の底には排水用
の穴をあけておく。

オレンジ色、黄、青の３色を
寄せ鉢スタイルでさわやかに

ジニア‘プロフュージョン’のオレンジ色と
黄。この元気な花色をさわやかに楽しみた
くて、青い花のオキシペタラムを合わせま
した。１鉢に花１種と葉もの１種だけの気軽
な寄せ植えも３鉢寄せれば、センスアップ
して見えますよ。ポイントは、大中小とサ
イズの違う鉢を合わせること。さらに、葉
ものもイエロー系の小葉でそろえて、統一
感を演出しています。

【PLANTS LIST】

A1　ジニア‘プロフュージョン’（オレンジ色）
A2　ジニア‘プロフュージョン’（黄）
B　　オキシペタラム（ブルースター）
C　　プリムローズジャスミン
D　　ロニセラ‘レモンビューティー’
E　　ロニセラ・ニティダ‘オーレア’

鉢の大きさ：
（左）直径 16㎝、高さ 19㎝
（右）直径 13㎝、高さ 13㎝
（中）直径 9㎝、高さ 10㎝

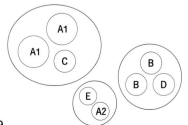

暑さに強い定番の花で
夏も寄せ植えを身近に

セロシアの花穂が揺れる晩夏のような情景

ケイトウの仲間で
ドライフラワーにも
セロシア

ツンととがったセロシアの赤紫の花穂と、アジュガやペルシカリアの黒っぽい葉ものは相性がいいんです。そこに明るい色合いのオレガノや白い斑入りのノブドウを合わせると、落ち着いたトーンの美しさが浮き立ってきて、晩夏の風情が漂います。背面のあるプランターは、背丈のあるセロシアを魅力的に見せながら、ノブドウのつるを絡ませて遊ぶこともできます。

セロシアの隣には、色合いの
似た丸い花穂のゴンフレナを
植え、表情の違いを楽しんで。

【PLANTS LIST】
A　セロシア‘アジアンガーデン’
B　ゴンフレナ‘ラブラブラブ’
C　ペルシカリア
　　‘レッドドラゴン’
D　アジュガ‘ラテアート’
E　オレガノ・グリーク‘カリテラ’
F　カレックス‘ブロンズカール’
G　オレガノ
　　‘ケントビューティー’
H　斑入りノブドウ‘エレガンス’
プランターの大きさ：
32cm×11cm、高さ10cm

※テーブルのペイントの仕方は
91ページで紹介しています。

Before

↓

After

雰囲気がぐっとよくなる
色あせたテーブルを
使い込んだすてきな風合いに!

テーブルなどを屋外で使っていると、時間とともにペンキが剥げて、薄汚れてきます。それでは寄せ植えを飾っても魅力が生きず、もったいないですね。使い込んだ味わいのあるテーブルに生まれ変わらせる簡単な方法を紹介しましょう。

《用意するもの》

・水性ペンキ（好みの色）

・ハケ

・容器（水性ペンキを入れるもの）

・雑巾

1　ペンキを塗る

水性ペンキをよく振って容器に取り出し、ハケで塗っていく。多少塗り残しがあるほうが味わいになるので、きれいに塗らなくて OK。

2　雑巾でこする

水性ペンキが乾く前に雑巾でテーブル全体をこするように拭き、自然な風合いにする。土をこすりつけた雑巾で拭くと、より味わいが増す。

→ペンキを塗るのは晴れた日がベストです。雨の日は湿気が多くて、うまく仕上がりにくいんですよね。

↓寄せ植えに合わせて青く塗ったテーブル。塗り直しも楽しんで。

ひとつに集めて寄せ植え風に
デザイン性と風通しをキープ！

トレーには排水用の穴をあけて。
水がたまった状態は、植物が傷む
原因に。

植物の大きさに合わせて鉢も選んで。
素材もサイズもこんなに違う。

好きな鉢に植物を1種類だけ植えてトレーに並べると、見映えよくまとまります。そのとき寄せ植えを作るときのように、主役はルドベキアで、背景になるのはちょっと背が高くて小花がちらちらと見えるミソハギとカラミンサにすると涼しそうとか、色の組み合わせも考えながら役割を決めると、トレーの中に物語が生まれて楽しいですよ。ぜひ試してみてください。

寄せ植えを
作る感覚で
好きな小鉢を
トレーに並べて

トーンを合わせた
寄せ鉢で
過ぎゆく夏を感じる
ワンシーンに

ゴッホの「ひまわり」をイメージして、夕暮れや晩夏のようなシックな色合いの植物を選んでみました。高さのある鉢には深さのある大きめのボックスを使うと、寄せ鉢スタイルになります。こうすると一体感が生まれ、美しいシーンに。蒸れやすいので、鉢同士の間隔を広めにするといいですね。

【PLANTS LIST】

A　エキベキア‘エレクトラ ショック’
B　セロシア‘ドラキュラ’
C　ベゴニア‘マカローズ’
D　ニューサイラン‘ブロンズベビー’
E　ルドベキア‘オータムカラーズ’

鉢の大きさ：
A　直径16cm、高さ19cm
B　直径16cm、高さ28cm
C　直径16cm、高さ14cm
D　直径10cm、高さ12cm
E　直径20cm、高さ18cm

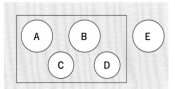

【PLANTS LIST】

A　ミソハギ
B　カラミンサ
C　ルドベキア‘トトレモン’
D　セイロンライティア
　　‘バニラクラッシュ’
E　ロニセラ・ニティダ‘オーレア’

鉢の大きさ：
A　直径15cm、高さ14cm
B　直径10cm、高さ12cm
C　直径13cm、高さ8cm
D　直径10cm、高さ12cm
E　直径8cm、高さ9cm

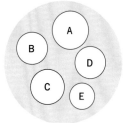

・Theme.3・

本格的な暑さの前に手間いらずの "夏"花壇を作ろう！

幅50cm×奥行き30cmの
小さな花壇だから
寄せ植え感覚でOK!

涼しそうに見えて
晩秋まで楽しめる植物を
選びました

まずは
伸びた枝や茎を切り、
花壇を整える

生い茂っているユキヤナギやメギ、
ノウゼンカズラなどの樹木を剪定します。
樹形を整えつつ、新しい植物を植え込む
スペースを確保しましょう。

Before

これから旺盛に
伸びるので大胆に
切っていいですよ

5 剪定終了。すっきりとした花壇に。

3 地面に這うように広がっているセダムを抜き取る。そのついでにレンガの隙間などに生えている雑草も抜いてきれいに整える。

1 最初に花壇の内部から剪定を進めていく。増えすぎたり、枯れたりしている枝を株元から切り取る。切っているのは、ユキヤナギ。

4 背面にある、フェンスに絡まっているつるや枝も剪定する。背面をどの程度見せたいかなどを考えて切る。

2 上部を剪定していく。伸びた枝は短くするが、これから作る花壇をイメージしながら、2〜3本残しておくと自然な趣に。

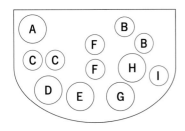

【PLANTS LIST】

A　ブッドレア 'シルバーアニバーサリー'
B　オミナエシ 'ゴールドラッシュ'
C　センニチコウ 'ストリベリーフィールド'
D　カラミンサ
E　ペンタス（赤）
F　センニチコウ（ピンク）
G　ハツユキソウ '氷河'
H　セロシア 'アジアンガーデン'
I　ペンタス 'ギャラクシーピンク'

花壇の大きさ：約50㎝×約30㎝

肥料などを加えて
土壌改良をする

植物が元気に育つよう、植え込む前に土の状態を
改善します。水はけをよくして土をやわらかくする腐葉土、
栄養を補う元肥用の緩効性粒状肥料を与えます。

ふかふかの土に
なりますよ！

3 元肥用に使える緩効性粒状肥料を適量、全体に
ばらまく。

1 植物が植わっていない部分の土をスコップで掘り
返す。植わっている植物の根を傷めないように気
をつけて。

4 土全体に、腐葉土や元肥を混ぜ込んで完成。

2 腐葉土を適量、土の上にまく。

植物を選び、配置を決めて植え込む

高低差を出したいので、背丈の高い植物と低い植物を選び、
花色を決めましょう。今回はピンクと赤の花色に。
花壇のどこに何を配置するか、
仮置きしてから植えつけていきます。

今日はピンクの花、
センニチコウを
正面に決めました！

1 植える場所に穴をあける。ポットから取り出した苗は、根鉢の土を軽く落とし、やさしくもみほぐしてから植える。

4 セロシアを植えて、植え込み終了。暑くなると蒸れやすいので、植物同士の間隔を少し広くし、風通しよくするとよい。

3 花壇の手前に植える植物（ここではペンタス）は、少し手前に角度をつけて植えると、花が見えやすくなり、印象的な花壇になる。

2 後方から植えていく。1株では存在感が薄い植物（ここではセンニチコウ）は2株植えて1株に見えるようにすると花壇が華やぐ。

5 最後、もともと植わっていた植物の枝先やつるを絡めたりしてなじませる。

葉の色やサイズ、模様が多彩なコリウスらしく、異なるタイプを混ぜてリースにしました。コリウスの株と株の間に入れたタマリュウとヘデラが、美しいつなぎ役です。タマリュウは草丈が低いのでナチュラルな印象のリースにしたいときによく使いますね。ヘデラの長いつる先はリースの丸い形からはみださないよう、コリウスに絡めて流れを出しています。

シックなのに華がある！カラーリーフが主役のリース

剪定したコリウスの葉と花は、水に挿して飾ってもきれい。カラーリーフの魅力は奥が深い！

背丈の低い植物がリースには向いているので、伸びたコリウスは剪定して使うといい。

涼を感じ、暑さに強い
夏こそ、葉ものの出番です

へデラのつる先は、コリウスに絡めるようにする。つるが伸びたら、同じように絡めると丸いリースの形がキープできる。

【PLANTS LIST】

A　コリウス
B　タマリュウ（2株を各3つに株分け）
C　ヘデラ'プティヴェール'
　　（2株を各3つに株分け）

バスケットの大きさ：
直径 29㎝、幅9㎝、高さ9㎝

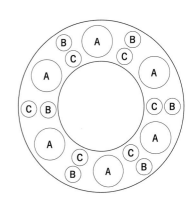

置くだけでなく、立てかけて観賞できるのもリースの楽しいところ。

細長いハート型のシッサス・ディスカラー。
表は緑と白の模様（右）なのに、葉裏はワイン色（上）。リバーシブルで美しい。

涼を感じ、暑さに強い 夏こそ、葉ものの出番です

発想の転換を！
夏こそ鮮やかな
カラーリーフの出番

【PLANTS LIST】
A　レックスベゴニア 'イブニンググロー'
B　フィットニア 'ホワイトレボリューション'
C　シッサス・ディスカラー
バスケットの大きさ：18cm×15cm、高さ18cm

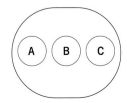

カラーリーフは色のバリエーションが豊富なので、夏はそれだけの組み合わせもいいものです。中心に植えたさわやかな白い斑のフィットニアが主役だから、隣には黒っぽい葉ものが似合うと思うんです。いずれも暑さに強い観葉植物ですが、直射日光は葉やけの原因になるので避けて。

屋外ではおなじみの寄せ鉢スタイルを、室内の観葉植物でも。背の高いクワズイモを中心に、大中小とサイズが違って、葉の色や模様がきれいな観葉植物を選んでコーディネートしました。トレーに並べることで植物の新しい魅力に気づき、これまでと違った雰囲気が広がります。

観葉植物を
集めて寄せて
お気に入りの
コーナーをつくる

半日陰〜明るい室内が快適！
観葉植物の魅力を生かすアイディア

【PLANTS LIST】

A　クワズイモ
B　カラテア・ファッシアータ
C　フィロデンドロン ' バーキン '
D　アビス

鉢の大きさ：
A　直径 16cm、高さ 14cm
B　直径 13cm、高さ 13cm
C　直径 10cm、高さ 7cm
D　直径 10cm、高さ 10cm

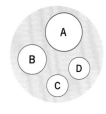

「フローラ黒田園芸」がおすすめする 観葉植物

室内で育てられる観葉植物といってもさまざまな種類があります。購入後の育ち方や育つ大きさによって、大きく2つのタイプに分けられます。タイプ別におすすめの観葉植物や育てる際の注意点などを紹介していきます。日当たりやスペースなど、置き場所に合った観葉植物を選んで長くつきあっていきましょう。

「フローラ黒田園芸」の室内売り場の一画にある、観葉植物のコーナー。卓上サイズから空間に映える背丈の高いもの、つるして飾るものなど種類は豊富。室内での楽しみ方、ディスプレーのヒントがたくさん見つかるはず。

フィカス・ルビギノーサ

Type*1
上へと伸びて
大きく成長する

フィカスやユッカ、コルディリネなどはたくさんの種類があり、自生地では10m以上になるものも。樹形もさまざまな形で販売されているので、園芸店で気に入った樹形のものをさがすのも楽しいですよ。上に成長するため、数年に一度、低い位置で切り戻しをするとよいでしょう。切り戻すことで、樹形を整えることができます。5〜6月ごろが切り戻しのベストタイミングです。

斑入りシェフレラ

コルディリネ

ユッカ・エレファンティペス

Theme.4

涼を感じ、暑さに強い
夏こそ、葉ものの出番です

Type*2
コンパクトに
こんもりと
成長する

セロームやディフェンバキア、アグラオネマなどは、コンパクトにまとまった樹形で育ちます。葉色も豊富で種類もいろいろ。比較的耐陰性もあり、置き場所の選択範囲も広いです。フィロデンドロンの仲間はつるを伸ばして成長するため、ハンギングや高い位置に置くと、優雅にしだれて美しいです。チランジア類は週に2〜3回霧吹きをし、月に1〜2回は水を張ったバケツにつけ、しっかりと給水を。エアプランツと呼ばれますが、意外と水と風通しが必要です。

セローム‘スーパーアトム’

フィロデンドロン‘ブラジル’

アグラオネマ‘スノーホワイト’

ディフェンバキア‘クールビューティー’

チランジア・カプトメドゥーサエ(左)、
チランジア・プンクツラータ(右)

キセログラフィカ

乾きに強い多肉植物で 夏の新しい楽しさ再発見！

ロゼット状に広がるカシミア
バイオレットや、細長い葉
のチョコレートソルジャーな
ど、形や色、質感の違いが
楽しい。

這うように横に広がるリトル
ミッシー、踊っているような
仙女の舞、葉の縁がギザギ
ザのミロッティーなど、個性
豊かな組み合わせ。

黒法師やカランコエの仲間で高さのある多肉植
物の苗を見つけたら、横長の鉢に低めの苗と高
低差をつけながら植えるとすてきですよね。今
回は鉢の左寄りに、背丈のある黒法師やベハレ
ンシスを配置し、寄せ植えの中心に。垂れるタ
イプを、ところどころ鉢を隠さないように植え
ると、動きも出て楽しいですよ。

個性あふれる多肉植物で
見本ガーデンのような
にぎわい

【PLANTS LIST】

A　仙女の舞（カランコエ）
B　リトルミッシー（クラッスラ）
C　ミロッティー（カランコエ）
D　黒法師（アエオニウム）
E　グリーンネックレス（セネシオ）
F　ベハレンシス'ホワイトリーフ'（カランコエ）
G　星兎耳（カランコエ）

H　カシミアバイオレット
　　（アエオニウム）
I　樹氷（セデベリア）
J　チョコレートソルジャー
　　（カランコエ）
K　ルビーネックレス（オトンナ）

プランターの大きさ：50㎝×13㎝、高さ14㎝

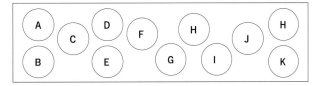

COLUMN

多肉植物の基本の育て方

よく日の当たる風通しのよい屋外
で、乾かし気味に育てれば元気に
成長します。夏は葉やけしないよ
う、半日陰がおすすめ。雨や冬の
霜は避けたいので、軒下などに入
れて。放任して伸びた姿を楽しめ
るのも多肉植物のよさです。

背丈が低く、葉が放射状に広がるセンペルビブム。尖った葉先が重なる姿はギザギザの縁取りがある花のよう。その葉先の陰影が見せる美しさを生かしたくて、センペルビブムだけを立体的に寄せ植えにしました。ボックスの枠から自然とあふれでるように植え、一体感を演出。立てかけて飾るのもおすすめです。

白い糸を巻きつけたようなコブウェブジョイ。親株の周りにたくさんの子株がつく。寒さで色づく紅葉も美しい。

【PLANTS LIST】

A　アレアロチ
B　ガゼル
C　コブウェブジョイ
D　SPN—3
E　スプライト
F　ブラックミニ
G　ブロンコ
（すべてセンペルビブム）

木製ボックスの大きさ：
15cm× 20cm、高さ5cm

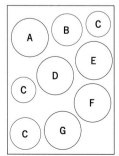

乾きに強い多肉植物で
夏の新しい楽しさ再発見！

人気のあるセンペルビブムとハオルチア。同じ仲間だけで寄せ植えすると育てやすい

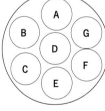

お気に入りの
ハオルチアを集めて
自慢の寄せ植え
コレクションに

【PLANTS LIST】

A シュガープラム
B アイススプライト
C 姫玉虫
D ピクタ深海白銀
E オブツーサ
F ユニバース
G 紫振殿
H コアクータ
I ウィミー
　（すべてハオルチア）

鉢の大きさ：
（手前）直径 18cm、高さ 9cm
（奥）直径 11cm、高さ 4cm

半透明な「窓」のきらきらした感じが多肉植物・ハオルチアの魅力ですが、葉がかたいタイプもあり、ここに植えているのは全部ハオルチアです。それぞれの形を見せたいので、間隔をあけて植えています。自生地では岩陰などに隠れるように生えているため、直射日光が苦手です。

COLUMN

多肉植物専用の培養土がおすすめ

多肉植物は水を多く必要としないので、排水性のよい市販の培養土を使うと初心者でも管理がラク。一般的な園芸用培養土を使う際は、赤玉土や鹿沼土を多めに入れて水はけを調整するとよいです。

慣れ親しんだ花材も ナチュラルハンギングで センスアップ！

花色の
バリエーションと
つる性の葉で
エレガントに

きれいな水色のつり鉢に、ストライプ、八重、ピンク寄りなどさまざまなパープル系のペチュニアを植えました。上面からのみ植えるバスケットなので、普通の鉢に植えつける感覚で作れます。つるが長めの葉ものをペチュニアの間に入れて垂らすようにすると、つるしたとき優雅な雰囲気に。ペチュニアは5月以降になると入手しやすい、大きめの開花株を使いました。

【PLANTS LIST】

A　ペチュニア'ブルーベリーマフィン'
B　ペチュニア
　　'スイートバニラ アメジストパープル'
C　ペチュニア
　　'スイートバニラ スマイリーパープル'
D　ペチュニア'天の川'
E　ドリクニウム・ヒルスタス'ブリムストーン'
F　シッサス・ガーランド
G　ジャスミン・ステファネンセ
　　（桃色ジャスミン）

バスケットの大きさ：直径25cm、高さ18cm

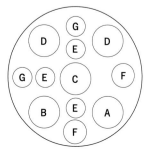

きれいめパープルの濃淡や
ホットカラーの花色で
気分も空間も一気に夏モード!

夏だからこそ
元気色の花をチョイス

ローズ、オレンジ、イエローというホット
カラーの花をメインにして、あえて夏っ
ぽく仕立てたつり鉢。ジニアもサンビタ
リアも秋まで長く咲き続けます。それら
に合わせ、アメリカヅタやアスパラガス
などの葉もので動きを出してにぎやかに。
暑い季節は淡色系の花に手が伸びがちで
すが、ときにはこういう元気な花色を使
うのもおすすめです。

【PLANTS LIST】

A ジニア'プロフュージョン'
　（ローズ2株、オレンジ2株、イエロー1株）
B サンビタリア'グレートイエロー'
C アメリカヅタ'バリエガータ'
D ドリクニウム・ヒルスタス'プリムストーン'
E アスパラガス'スプレンゲリー'
F デュランタ・レペンス'ライム'

バスケットの大きさ：直径32㎝、高さ10㎝

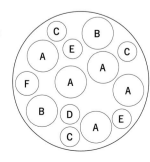

やさしい色のペチュニアを
眺めてクールダウン！

【PLANTS LIST】
A　ペチュニア（白）
B　ユーフォルビア
　　'ダイアモンドスター'
C　ヒューケラ'パリ'
D　ヘリクリサム
　　'シルバーミスト'
E　ヘデラ'ピッツバーグ'
F　タイム・ロンギカリウス
G　ワイヤープランツ
バスケットの大きさ：
25cm× 17cm、高さ23cm

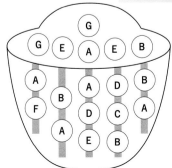

白とグリーンで
まとめて
迎える夏を
涼しげに

白いペチュニアをメインに、引き立て役にこまかい
花苞のユーフォルビアを入れました。スリットタイ
プのバスケットは配置が大事なので、まずメインの
花を置いてみて、そのあとに葉もので隙間を埋めて
いきます。今回のヒューケラのようにアクセントに
なる葉は、目立つ場所に植え込みます。全体の形が
真ん丸だとおさまりすぎてしまうので、ヘデラを垂
らして流れを出しました。

慣れ親しんだ花材も
ナチュラルハンギングで
センスアップ!

ペチュニアはクリーム色とグリーン系の白。ライムや白っ
ぽい葉を合わせてやさしい雰囲気に。苗がたくさん植わっ
ているように見えますが、使っているのは5ポットだけ。
大きめのポットの開花株を使うと、植え込みが楽で、花も
すぐに楽しめます。この半円形のバスケットは上面からの
み植えるタイプなので、正面から見たときに側面が寂しく
見えないよう、苗はやや角度をつけて植え込んでいます。

クリームがかったやさしい色合
いのペチュニア'ステファ
ニー'。1株でこのボリューム。

大きめの
株を使った
ふわりとやさしい
ハンギング

【PLANTS LIST】
A　ペチュニア'ステファニー'
B　ペチュニア'パニエ ライム'
C　ラミウム
　　'アングリーナウェイ'
D　ジャスミン
　　'フィオナサンライズ'
E　ハゴロモジャスミン
バスケットの大きさ：
32cm×18cm、高さ18cm

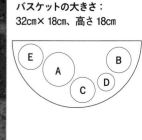

慣れ親しんだ花材も
ナチュラルハンギングで
センスアップ！

ブルーとライムグリーンを集めたさわやかな壁かけ。リース型のバスケットは、背が高くならない植物を選ぶのがコツです。アゲラタムなどの草姿が乱れにくいものをメインにし、バスケットから葉や茎がはみでてきたら剪定して全体の形を整えます。特に真ん中のホールは植物で埋まらないよう、常にあけておきます。

あばれない植物と剪定できれいなリース型をキープ

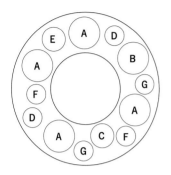

【PLANTS LIST】

A　アゲラタム
B　ユーフォルビア
　　'ダイアモンドフロスト'
C　コリウス
　　'ラビッシュライム'
D　ロニセラ・ニティダ
　　'オーレア'
E　カニクサ
F　ヘデラ'モコモコ'
G　パーセノシッサス・
　　シュガーバイン

バスケットの大きさ：
直径 28cm、幅 9cm、高さ 9cm

【PLANTS LIST】

A　ペンタス‘ギャラクシー’

B　ペラルゴニウム
　　‘アップルジョイ’

C　グレコマ‘レッドステム’

D　ヘデラ
　　‘プティヴェール’

E　ユーフォルビア
　　‘ダイアモンドフロスト’

バスケットの大きさ：
（植え込み部分）
27cm×14cm、高さ14cm
（上部まで37cm）

星
型
に
咲
く
ペ
ン
タ
ス
の
す
が
す
が
し
い
ハ
ン
ギ
ン
グ

ピンク色の縁取りが愛らしいペンタスと、手前
に垂れるグレコマとの色合わせが涼しげなハン
ギングです。高低差をつけたペンタス2株を前
後でずらし、立体感を出すのがポイント。中央
を高くし、左側はしだれる葉もので流れと動き
を、右側にはユーフォルビアで軽やかさを添え
て。生育旺盛なのでバスケットが隠れないよう、
剪定して形を保ちましょう。

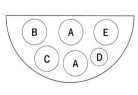

※壁かけスタンドの作り方
は、123～125ページで紹介し
ています。

※このハンギングバスケット
の植物名と植えつけ図、作り
方は 116 〜 117 ページで紹
介しています。

玄関先を花の居場所に
家族だけでなく道行く人も
植物に癒やされて

スリットタイプの
ハンギングは植物の種類を
絞ってシンプルに

おなじみのベゴニアは、実はスリットタイプのハン
ギングに向いている花。よく咲き、株が乱れにくく
全体がきれいにまとまります。成長が著しい夏は、
使う植物の種類を少なくしたほうが、あとあと手が
かからず楽です。今回は 5 種に絞り、八重咲き品種
のピンク色の濃淡を全体にちりばめ、その間にユー
フォルビアや葉ものを入れました。はじめてスリット
タイプのハンギングを作る方にもおすすめしたい植
物セレクトです。

慣れ親しんだ花材も
ナチュラルハンギングでセンスアップ！

白い縁取りがさわやか
なハツユキソウが、青
や淡紫の花の間を美
しくつなぎ、一体感を
生む。

青い小花の濃淡と
流れるシルバーリーフが
清涼感を演出

【PLANTS LIST】

A ヘデラ‘フウキ’
B トレニア‘カタリーナ アイスリバー’
C ハツユキソウ
D ディコンドラ‘シルバーフォールズ’
E エボルブルス‘ブルーラグーン’
F ミントブッシュ‘ミラクルスター’

バスケットの大きさ：
（植え込み部分）
25cm×15cm、高さ35cm

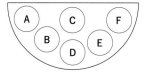

暑さがやわらぐよう、水を感じるブルー系の花を使っ
たハンギングです。中央から垂れるシルバーリーフ
は、滝のようで涼感たっぷり。緑葉に白い縁取りの
入るハツユキソウは、涼しさを誘うカラーリーフと
しておすすめです。花も葉ものもぐんぐん伸びるので、
月に一度は切り戻してこの形を維持しましょう。

ベゴニアをすてきに！
スリットバスケットの作り方

114ページで紹介した夏らしさを満喫できるスリットタイプのハンギング。夏に強いおなじみのベゴニアを7株使って華やかで軽快なハンギングを作りましょう。

《用意するもの》

スリットタイプのバスケット（25㎝×17㎝、高さ23㎝）

培養土、土入れ

苗

A1	ベゴニア 'パソダブル ライトピンク'	4株
A2	ベゴニア 'パソダブル ローズ'	3株
B	ユーフォルビア 'ダイアモンドフロスト'	2株
C	ドリクニウム・ヒルスタス 'ブリムストーン'	2株
D	シッサス・ガーランド	1株（4つに株分け）
E	ヘデラ 'コーラ'	1株（2つに株分け）

バスケットの大きさ：25㎝×17㎝、高さ23㎝

1

バスケットのスリットに、付属のスポンジを内側から張り、表面の粘着部分に土をつける（植えつけ作業がしやすくなる）。

2

培養土をスリットの下まで入れてから、ヘデラを2つに株分けし（写真左上）、ひとつを中央のスリットのいちばん下に入れる。

3

ヘデラの両隣のスリットにベゴニアをそれぞれ入れる。

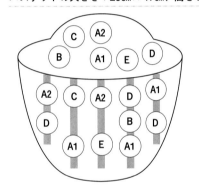

4

さらにいちばん端のスリット（両側）に、あらかじめ4つに株分けしたシッサスをひとつずつ入れる。これで側面の下段の植えつけが完了。

5

下段の苗が隠れるまで培養土を足す。

COLUMN

スリット部分のスポンジは 高めに貼るのがおすすめ

上面からだけでなく側面のスリットからも植えつけができるスリットタイプのバスケット。スリット部分を覆うための粘着テープつきのスポンジが付属しています。スポンジを貼るときはバスケットよりスポンジのほうが少し高くなるように貼ると、水やりの際に土が流れ出るのを抑えられます。

9 最後に植える上面右側のシッサスは、長いつるを側面のほうに垂らすとよりナチュラルになる。

6 側面の上段の苗を植えていく。下段のときと同じようにスリットに入れていく。

10 植え終わったら飛び出ている花やつるを調整し、全体の丸みを出す。最後に水やりをして完成。

7 側面の植えつけが終わった状態。スリットの丸みに沿って苗が植わっているのが理想。

8 上面の苗を植えていく。側面との境がなく、全体で丸みを帯びるように苗の向きに気をつける。

知っておきたい基本

よりすてきな寄せ植えを作り、より長く楽しむために知っておきたいポイントを紹介していきます。
どうしたらいいのかな？　悩んだとき、このページがお役に立てればうれしいです。

基本の寄せ植えの作り方

寄せ植えを作る際に必要なもの、
苗や鉢を選ぶときの考え方、
実際に植えつけていく手順を
79ページで紹介したルドベキアの
寄せ植えを例にして紹介していきます。

【用意するもの】

A ルドベキア‘サハラ’
高さがあるので、
寄せ植え全体のシルエットを
決める役割

**D ヒューケラ
‘メープルファッジ’**
カラーリーフで
花の引き立て役

**B スワインソナ・ガレギフォリア
‘ホワイトスワン’**
Aとなじませて芯となり、動きを添える役割

E ヘデラ‘キプロス’
花色を引き立てつつ、
寄せ植えに動きを出す役割

**C ルドベキア
‘デンバーデージー’**
目を引く高さの主役

鉢

鉢底石

土入れ

元肥用の
緩効性粒状肥料

鉢底ネット

園芸用培養土

● 苗選びのポイント

4〜5苗からが始めやすいですね。寄せ植えの
芯になる高さのある苗を後方に配置し、手前に目
を引く主役、脇に花を引き立てるカラーリーフを
選ぶとうまくまとまりますよ。

● 鉢選びのポイント

4〜5苗植える場合、鉢のサイズは6号（直径
24cm）以上を選ぶと植物も育ちやすい。背丈の
ある植物が、鉢の高さの1.5〜2倍になるとバラ
ンスのよい寄せ植えになります。

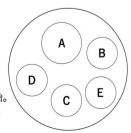

＊植物の配置を決めてから植えつけ開始。
＊今回は、A➡B➡D➡C➡Eの順に
　植えつけています。

根鉢の上に土を
かけるのはNG。
植物が弱る原因に

9 Cの右横にヘデラ（E）を植える。鉢の手前にしだれるよう、株を少し倒しぎみに植えるのがナチュラルに見せるコツ。

5 鉢の後方中央に、背の高いルドベキア'サハラ'（A）の向きを見ながら置く。その周りに培養土を入れ、寄せる。そのほかの苗を植えるときも同様に。

1 鉢の底穴の上に鉢底ネットを敷く。鉢底石を鉢の深さの1/5を目安に入れる。

10 鉢の周りとEの隙間に土を足し入れたら、軽く指を入れて、へこんだところに土をさらに足す。

6 Aの右横に、スワインソナ（B）を植える。Bの枝の向きを見て、Aの枝と絡んでなじむように植えると自然な雰囲気になる。

2 培養土を入れる。植えつけるポット苗の高さ＋ウオータースペース分（約2cm／120ページ参照）を確認して培養土の高さを調整する。

完成！

11 全体を見て、枝やつるを絡めたりする。最後にたっぷりと水やりをする。

7 Aの手前・左に、ヒューケラ（D）を植える。鉢の縁に少し倒すようにして植えると、鉢との一体感が出せる。

3 元肥として緩効性粒状肥料をパッケージに表示されている規定量を加えて、培養土と軽く混ぜる。

もみほぐすと
新しい土と
早くなじむ

8 手前中央に、主役となるルドベキア'デンバーデージー'（C）を植える。株を回しながら、きれいに見える向きをさがして植えつける。

4 苗（写真はルドベキア'サハラ'）をポットから取り出し、根鉢を両手で持って軽くもみほぐす。根が回っていれば、軽く亀裂を入れる。黄色く枯れた下葉があれば、取り除く。

真夏は直射日光を避けて明るい半日陰の場所を見つけて。

寄せ植えを
元気に育てるための基本

植物にとって居心地のよい置き場所、
花が元気に咲き続けるために必要な水やり、
花がら摘み、追肥、切り戻しについて
紹介していきます。

● 置き場所

基本的には、日当たりと風通しのよい場所で育て
ますが、日差しの強い夏は軒下など明るい半日陰
（写真）がおすすめです。梅雨や秋の長雨で蒸れ
が生じると病気になりやすいので、軒下がいいで
すね。冬は、日中十分に光に当てて、夕方以降
は霜に当てないよう、軒下に移動させましょう。

● 水やり

水やりは、土がしっかり乾いてから行います。鉢
を持って軽ければ、乾いているサインなので、水
やりの目安にしてもいいですね。土の上にしっか
り水がかるようハス口をはずして、鉢底から水が
流れ出るまでたっぷり与えます。植えつけ直後は、
ハス口をつけて葉の上から全体にかけて、葉に
ついた土も洗い流します。

通常の水やり

植えつけ直後

ウオータースペース

ウオータースペース
って何？

水やりの際に土が鉢から流れ
出ないよう、鉢の縁から土の
表面までに約2cmの空間をつ
くります。それをウオーター
スペースと呼びます。

植えつけの際にウオータースペースを確保で
きるよう、鉢に入れる土の量を調節する。

ジニアの花がら　　　　スカビオサの花がら

● 花がら摘み

花が終わったらカビや蒸れの原因になることもあるので、放置せず取り除きましょう。花がらは、花茎のつけ根で切ります。切ることでつけ根にあるわき芽が伸びて花つきがよくなります。ジニアのように花芯が黒くなる花は残しておくと全体が汚く見えるので、こまめに切るほうが見栄えもよくなりますよ。

● 追肥

緩効性の固形肥料を1カ月に一度、規定量を与えるようにします。液体肥料の場合は、水やりのときに規定量を水に溶かして7〜10日に一度与えましょう。肥料を与えることで、花つきがよくなり、花も葉も色が鮮やかになります。特に次々と花を咲かせるパンジーやビオラ、ペチュニアには効果てきめんです。

粒状の固形肥料を、鉢の数カ所に分けて規定量を置く。

COLUMN

雑貨を鉢として使うためのひと工夫

鉢がわりに雑貨を使えば、寄せ植えの楽しみ方も広がります。ブリキ製など、穴があけられるものは底に排水用の穴をあけましょう。ワイヤーバスケットのように土がこぼれるものは、ココファイバーで網目を覆います。ハンギングバスケットなどにも応用できます。

ココファイバーは手で広げて板状にする。

↓

底に敷いたら、側面に沿わせて当てていく。

ポンチか太いクギを底に当てて金づちで打って穴をあける。

● 切り戻し

寄せ植えを作って2カ月以上経過すると、草丈が伸びて全体のバランスが悪くなります。思い切って短くして、再び花芽がつくように促しましょう。

after

こんもりと丸いシルエットに仕上げる。
2週間ほどすると、再び花が咲くようになる。

before

全体的に植物は奔放に伸び、主役のペチュニアは元気がない。植物は、ペチュニア、ロニセラ・ニティダ、ヘデラ。

【切り戻し方】

5 緩効性の固形肥料を規定量与え、植物の成長を促す。

3 ヘデラは長く伸びた茎から切り、バランスを見る。切るときは茎のつけ根から切るとよい。

1 ペチュニアの高さを半分にする。切る位置を決めたら、同じ高さで切り進める。

4 茶色く枯れたペチュニアの葉や茎を取り除く。つけ根部分を見ると、わき芽が出ているのがわかる。

2 鉢を回しながら、丸いシルエットになるようにペチュニアを切っていく。ロニセラはペチュニアより少し長めに切っておく。

ビスを打つ位置を自由に変えられるので、
小さなハンギングを2つ飾ることも可能。

壁かけスタンドの作り方

本書の31ページ、88ページ、113ページでも使用している
フローラ黒田園芸オリジナルの「壁かけスタンド」。
玄関などに置いてリース型バスケットやハンギングバスケットを飾れば、
すてきなシーンがつくれますよ。

【使用する木材(長さ×幅×厚み)とビス】

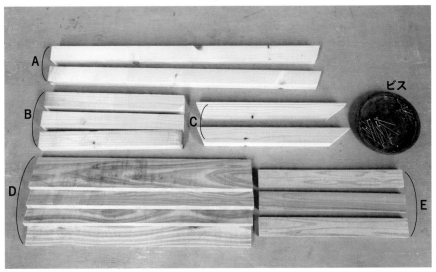

ビス

壁かけスタンド完成サイズ
420 × 290 × 720mm
(幅×奥行き×高さ)

A　枠・縦(720×40×30mm／長辺の片側を斜めカット)2本
B　枠・横(360×40×30mm)3本
C　脚　(390×40×30mm／長辺の両側を斜めカット)2本
D　背板(534×90×15mm)4枚
E　支え板(360×45×15mm)3枚
ビス　60mmを28本、25mmを16本
＊A〜Cは赤松材、DとEは杉材を使用。

12mm

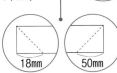
18mm　　50mm

【用意する道具】

・電動ドリル一式
・紙やすり(#100程度の粗いもの)
・メジャー
・ボールペン
※ペイントする場合
・水性ペンキ
・ハケ

＊木材は湿度で伸び縮みするため、1〜2mmの誤差が生じる場合もあります。
ぴったり合わない場合は、紙やすりで削るなどして調整してください。

【ビスを打つときの基本】

3 ビスを打つ
ビスを**2**の下穴に入れ、ドライバー
の先をビスの頭にセット。木材がず
れないよう、ドライバーとは反対の手
でしっかり押さえ、垂直に打ち込む。

2 下穴をあける
ビスを打つ前に下穴をあけると打ち
やすい。ビスの直径より小さめのドリ
ルビットをセットし、打ちつける木材
(下側)に少し届くくらいまで穴をあ
ける。

1 印をつける
ビスを打つ場所は、打ちつける木
材(下側)の幅の中央線上で、上
側の木材の端から1〜1.5cm内側が
目安。メジャーで長さを測り、打ち
たい場所に印をつける。

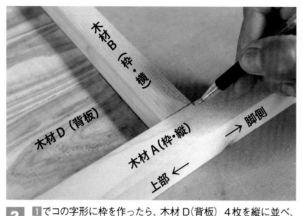

【スタンドの枠を作る】

1 木材Aの端が平らな側の上端と、木材Bの端を合わせる。木材をしっかり固定させて、Bの中央線上で、Aの上下端から1cm内側に60mmのビスを計2本打つ。もう1本のAも同様に行う。

2 1でコの字形に枠を作ったら、木材D（背板）4枚を縦に並べ、その下に木材Bをしっかり当てて、横枠（下側）の位置の印を木材Aにつける。背板をはずし、つけた印を目印にして1と同様に木材Bの両端にビス60mmを2本ずつ打つ。枠の完成。

【支え板を取りつける】

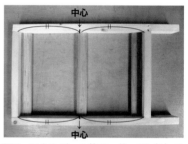

3 できあがった枠の、枠・縦（A）の中心に印をつける。木材E（支え板）3枚をそれぞれ上側の端、下側の端、印をつけた中心に配置する。

4 木材E（支え板）を横枠にしっかり押しつけながら、枠・縦（A）の側から、ビス60mmを2本打ち、固定する。

5 3枚の支え板（E）を枠・縦（A）に固定し終えたところ。

【脚を作る】

6 木材C（脚）の端（斜めに18mmカットした側）から12cmのところに印をつけ、木材Bをビス60mm2本で固定する。反対側も同様に固定する。

【脚を枠に取り付ける】

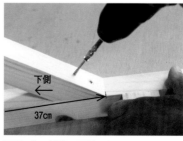

7 枠の縦枠の下端から37cmのところに印をつけ、6で作った脚の上部（斜め50mmにカットした側）をしっかり押し当てて、ビス60mmを斜めに2本打ち込む。もう一方も同様にビスを打ち、固定する。

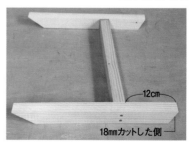

8 脚の下端（地面に接する側）4本の角を紙やすりで削る。地面とこすれて、木材が割れるのを防ぐ。

【背板を取り付ける】

11 木材 D（背板）をビス 25mmで固定していく。ビスを打つとずれたりするので、背板 1枚の両端を 1カ所ずつ留めたら、もう 1本を調整しながら打っていく。中央にある支え板にビスは打たなくてよい。

10 木材 D（背板）4枚を枠の中に並べる。隙間ができるようなら、均等になるように調整するとよい。

9 枠に脚の取り付け完了。グラグラするようなら、紙やすりで削って安定させる。左下の作例のようにツートンカラーにしたい場合は、このタイミングで水性ペンキを塗っておく。

＼完成！／

好きな色で
ペイントして楽しんで

本書の 31、113 ページに登場した壁かけスタンドは、背板をナチュラルな色にし、枠に色に塗ったツートンカラーにしたかったので、工程 9 のタイミングで枠に水性ペンキを塗っています。スタンド全体を同じ色にしたいなら、最後まで組んでから塗ってもいいですよ。季節や花に合わせて、塗りかえても楽しいです。

裏側もすっきりとしたデザイン。ハンギングを作って飾るのが楽しくなるはず。

12 飾りたいハンギングバスケットを当てて、フックとなるビス（材料外）の位置を決め、固定する。壁かけスタンドのできあがり！

PROLOGUE

おわりに

私のコンテナガーデン、いかがだったでしょうか？
作っているこちらの楽しさが伝わり、何かを感じて、
みなさんのガーニングのヒントになればたいへんうれ
しいです。

コンテナガーデンは、楽しいがすべて。いつものその
鉢に飽きたらお気に入りの色にペイントしても楽しい
し、鉢ではないおもしろい雑貨と出合ったらそれに植
え込んでも楽しい。

さあ、次はどんなふうに植えようかな？　と、考える
その時間までも楽しいと感じてしまいます。そんな思
いをみなさまと共有できますように。

黒田健太郎

黒田健太郎
Kentaro Kuroda

埼玉県さいたま市の園芸店「フローラ黒田園芸」勤務。
四季折々、季節の花や葉を使い、センスあふれる寄せ植えを多数制作。
寄せ植えに使う器のセレクトやアレンジ、
飾り方などのスタイリングも含めての空間づくりも提案している。
定期的に発信しているインスタグラムや
寄せ植えの制作過程が見られる YouTube も好評。

YouTube　@FLORA_Gardening
（フローラ黒田園芸 ガーデニングチャンネル）
インスタグラム　@kentarokuroda

フローラ黒田園芸
埼玉県さいたま市中央区円阿弥 1-3-9
TEL　048-853-4547
https://florakurodaengei.securesite.jp/

黒田健太郎のコンテナガーデン
（くろだけんたろう）

2023年10月31日　第1刷発行
2024年 3 月10日　第4刷発行

著者　　黒田健太郎（くろだけんたろう）
発行者　平野健一
発行所　株式会社主婦の友社
　　　　〒141-0021
　　　　東京都品川区上大崎 3-1-1
　　　　目黒セントラルスクエア
　　　　電話 03-5280-7537（内容・不良品等のお問い合わせ）
　　　　　　　049-259-1236（販売）
印刷所　大日本印刷株式会社

©Kentaro Kuroda 2023 Printed in Japan
ISBN978-4-07-455321-1

表紙・本文デザイン　堀江京子
撮影　黒澤俊宏
　　　柴田和宣（主婦の友社）
　　　松木 潤（主婦の友社）
取材・編集　山本裕美、『園芸ガイド』編集部
校正　大塚美紀（聚珍社）
編集担当　松本享子（主婦の友社）

■本のご注文は、お近くの書店または
主婦の友社コールセンター（電話0120-916-892）まで。
＊お問い合わせ受付時間
月〜金（祝日を除く）10:00 〜 16:00
＊個人のお客さまからのよくある質問のご案内
https://shufunotomo.co.jp/faq/

本書は雑誌『園芸ガイド』の掲載記事に新規の記事を加え、
編集したものです。